体育运动观赛指南

本书编写组 ◎ 编

TIYU YUNDONG
GUANSAI
ZHINAN

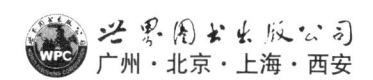

世界图书出版公司
广州·北京·上海·西安

图书在版编目（CIP）数据

体育运动观赛指南/《新世纪青少年艺术素质培养丛书》编委会编．—广州：广东世界图书出版公司，2009.5（2024.2 重印）
（新世纪青少年艺术素质培养丛书）
ISBN 978－7－5100－0620－3

Ⅰ．体… Ⅱ．新… Ⅲ．运动竞赛－基本知识－青少年读物
Ⅳ.G808.2－49

中国版本图书馆 CIP 数据核字（2009）第 072292 号

书　　名	体育运动观赛指南
	TIYU YUNDONG GUANSAI ZHINAN
编　　者	《新世纪青少年艺术素质培养丛书》编委会
责任编辑	陶　莎
装帧设计	三棵树设计工作组
出版发行	世界图书出版有限公司　世界图书出版广东有限公司
地　　址	广州市海珠区新港西路大江冲 25 号
邮　　编	510300
电　　话	020-84452179
网　　址	http://www.gdst.com.cn
邮　　箱	wpc_gdst@163.com
经　　销	新华书店
印　　刷	唐山富达印务有限公司
开　　本	787mm×1092mm　1/16
印　　张	10
字　　数	120 千字
版　　次	2009 年 5 月第 1 版　2024 年 2 月第 12 次印刷
国际书号	ISBN　978-7-5100-0620-3
定　　价	48.00 元

版权所有　翻印必究

（如有印装错误，请与出版社联系）

目 录

第一章 乒乓球 ………………………………………… 1

第一节 乒乓球运动的起源与传播 ……………………… 1
第二节 乒乓球运动的发展史 ……………………………… 2
第三节 乒乓球比赛规则 …………………………………… 4
第四节 如何训练和提高乒乓球技术 …………………… 5
  一、乒乓球训练的几点建议 …………………………… 5
  二、技术分析 …………………………………………… 7
  三、基本动作 …………………………………………… 7
  四、接球、发球技巧 …………………………………… 10
第五节 乒乓球国际大赛及项目设置 …………………… 16
  一、世界乒乓球锦标赛 ………………………………… 16
  二、世界杯乒乓球赛 …………………………………… 17
  三、奥运会乒乓球比赛 ………………………………… 17
  四、亚洲乒乓球锦标赛和亚洲杯乒乓球赛 ………… 17
第六节 乒乓球运动明星 …………………………………… 18

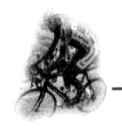

第二章　自行车运动 …… 19

第一节　自行车运动起源与发展 …… 19
一、自行车运动的历史 …… 19
二、自行车运动在中国 …… 20
三、中国自行车运动的发展 …… 23
四、自行车运动里程碑 …… 24
五、自行车运动明星 …… 25

第二节　自行车运动的分类 …… 26

第三节　比赛规则及技术标准 …… 29
一、自行车竞赛规则 …… 29
二、等级技术标准 …… 29

第四节　自行车基本技术 …… 30
一、姿势 …… 30
二、踏蹬技术 …… 33
三、跟车骑行 …… 35
四、原地起跑技术 …… 37
五、自行车花式 …… 38
六、自行车攀爬 …… 39
七、山地速降 …… 40

第五节　自行车的分类与维修保养 …… 42
一、自行车的分类 …… 42
二、自行车传动理论知识 …… 44

三、如何进行自行车的日常维护与保养 …………… 47
第六节　自行车运动的好处及注意事项 ………………… 50
　　一、骑自行车的健康意义 …………………………… 50
　　二、骑车旅行的苦与乐 ……………………………… 52
　　三、自行车旅行注意事项 …………………………… 53
　　四、青少年自行车远征须知 ………………………… 57

第三章　攀岩运动 ……………………………………… 59

第一节　登山运动知识 …………………………………… 59
　　一、基本攀登技术 …………………………………… 60
　　二、登山需要的备品 ………………………………… 61
　　三、中国登山大事记 ………………………………… 63
第二节　攀岩运动的历史与发展 ………………………… 69
　　一、攀岩运动 ………………………………………… 69
　　二、攀岩运动在中国 ………………………………… 73
　　三、我国攀岩运动历史回顾 ………………………… 73
第三节　攀岩运动特点 …………………………………… 76
第四节　攀岩运动的分类 ………………………………… 77
　　一、按岩壁形成分类 ………………………………… 77
　　二、按攀登形式分类 ………………………………… 78
　　三、按岩壁的大小分类 ……………………………… 80
　　四、难度攀岩 ………………………………………… 80
　　五、速度攀岩 ………………………………………… 81

第五节　攀岩的技能要求与训练 …………………… 82
　　一、攀岩基本参考要点 …………………………… 82
　　二、攀岩技术等级 ………………………………… 84
　　三、攀岩的基本方法 ……………………………… 87
　　四、体能训练知识 ………………………………… 94
　　五、心理训练 ……………………………………… 101

第六节　安全保护及伤害处理 ………………………… 105
　　一、攀岩运动的装备 ……………………………… 107
　　二、攀岩中的常见伤害及处理方法 ……………… 109

第四章　羽毛球运动 …………………………… 115

第一节　羽毛球的起源 ………………………………… 115
　　一、羽毛球的发展 ………………………………… 116
　　二、羽毛球的赛事 ………………………………… 117
　　三、国际羽联对羽毛球的定义 …………………… 118

第二节　羽毛球的比赛规则 …………………………… 119
　　一、羽毛球场地、器材 …………………………… 119
　　二、羽毛球比赛方法及主要规则简介 …………… 119

第三节　羽毛球的常用术语 …………………………… 125
　　一、羽毛球场地 …………………………………… 125
　　二、站位与击球 …………………………………… 125
　　三、持拍手与非持拍手 …………………………… 126
　　四、击球的基本线路 ……………………………… 126

五、拍形角度与拍面方向 ………………………… 127
　　六、击球点 ……………………………………………… 127
　第四节　羽毛球知识 …………………………………… 128
　第五节　我国羽毛球运动的发展概况 ………………… 132
　　一、羽毛球初学者的注意事项 ………………………… 134
　　二、羽毛球知识详解 …………………………………… 135
　　三、羽毛球附加技术 …………………………………… 138
　　四、用球拍捡球 ………………………………………… 140

第五章　游泳 …………………………………… 142

　第一节　游泳运动起源 ………………………………… 142
　第二节　入水前准备 …………………………………… 144
　　一、游泳时的穿着 ……………………………………… 144
　　二、在游泳时如何保护眼睛 …………………………… 145
　　三、游泳注意事项 ……………………………………… 147
　　四、游泳易引发的疾病 ………………………………… 149
　　五、游泳的锻炼价值 …………………………………… 150
　第三节　游泳入门小技巧 ……………………………… 151

第一章 乒乓球

第一节 乒乓球运动的起源与传播

乒乓球是一项历史悠久且深受人们喜爱的体育活动。乒乓球起初是一种轻松的社交消遣活动，大概在19世纪中期起源于英国，当时使用的是临时拼凑的设备。乒乓球运动的出现与网球有着密切的关系。19世纪末，在资本主义比较发达的英国盛行网球运动，特别是在上层社会中更是如此。由于当时网球比赛一般都是在室外进行，一旦遇到恶劣的天气往往不能运动，于是有人通过网球运动的启示，在室内用餐桌作为球台，仿照网球拍的形状做成球拍，以橡胶或软木做球，用打网球的方式在台上击来击去。这种在当时尚属娱乐性质的活动由于简便易行、饶有兴致，一经出现就引起了人们很大的兴趣，并逐渐流传开来，当时有的英国刊物还特意做了报导。由于它的出现和形式与网球有非常密切的关系，因此人们又称之为"桌上网球"（Table Tennis），其英文名一直沿用至今。

1890年，有个英国运动员从美国带回了一种用塑料做成的空心玩具球，并将它用作"桌上网球"。由于这种球有较大的弹力，在与球拍和球台的碰击中发出"乒、乓"的声音，所以有人就将它称之为"乒乓球"。这项运动最早出现于英国，进而在欧洲和世界流行。1900年，乒乓热潮蔓延至全球成为时尚的运动。1926年，国际乒乓球联会成立，并举行了首届世界锦标赛。国际乒联除负责举办每两年一次的世界锦标赛外，还负责推广这项运动至全世界每一角落。香港乒乓总会于20世纪30年代成立，该会每年都举办香港国际公开锦标赛和其他重要国际赛事。在1988年汉城奥运会上，乒乓球正式被列为比赛项目，并迅速发展成为参与人数最多的体育运动项目之一。

第二节 乒乓球运动的发展史

从1926年第一届世界乒乓球锦标赛至今，乒乓球运动在技术、器材和场地等方面的不断革新中得以发展。

乒乓球运动经历了几个发展阶段。欧洲全盛时期，由于胶皮球拍代替木制球拍，出现了削下旋的防守型打法，欧洲运动员以其连续获得世界冠军。也正因为在此期间曾不止一次地出现打"蘑菇球"的局面，而最后裁判员不得不用投钱币的方法来决定胜负。国际乒联对比赛规则、球台宽度、网高及比赛时间等进行了调整并有制订了新的规定，以鼓励积极进攻，防止采用消极打法。从而发展了削中反攻打法情况。20世纪50年代，日本选手创造了上旋打法，占据了乒坛霸主地位。日本还革新了工具，使用海绵球拍，因而加快了进攻的强度。之后，直拍技术被中国选手发扬光大创造和形成了以"快、准、狠、变"为技术风格的独特的直拍近台快攻打法，其优点是站位近、速度快、动作灵活、正反手运用自如，比日本远台长抽打法又向前发展了一步。80年代中后期欧洲球队集合各种打法创造了适合他们的以弧圈球为主，结合快攻和以快攻为主结合弧圈球的两种打法。他们把旋转和速度紧密地结合起来，把乒乓球技术又推到一个新的水平。与此同时，我国近台快攻打法和直拍快攻结合弧圈球打法也都有一定的提高和发展。在发球、搓球、削球、拱球与挡球等技术方

面，有所发明和创新，达到了世界先进水平。我国横拍快攻结合弧圈打法的运动训练，近年来加强了正手攻球的力量和反手技术的基本功，在一系列的国际比赛中，也战胜了不少著名的欧洲选手，取得了良好的成绩。1988年，乒乓球被列入奥林匹克运动会的正式比赛项目，大大推动了世界乒乓球运动进一步发展。欧亚竞争更加激烈。

国际乒联近年来对乒乓球比赛的规则作了很大修改，"小球改大球"、"21分制改11分制"、"无遮挡发球"等一系列改革缩小了选手间的实力差距，增加了对抗性和比赛的偶然性。为了避免出现一个国家和地区垄断奥运会冠亚军，国际乒联规定在奥运会双打比赛中，来自同一协会的两对选手必须分在同一半区。这样，出现在双打决赛赛场上的将是来自不同国家和地区的两对选手，比赛也将更具悬念。

目前，欧洲的瑞典、德国、比利时、法国、白俄罗斯等，亚洲的中国、日本、韩国、朝鲜等，乒乓球水平接近，实力相当，在重要的比赛中往往很难分出胜负。从而使世界乒坛出现"群雄并举"的局面。

乒乓球是中国的国球，中国的乒乓球运动有自己的独到之处。自20世纪50年代开始参赛以来，中国乒乓球的水平得以迅速提升。近年来的大赛中，我国乒乓球运动员战绩显赫。2003年第47届世乒赛上，中国队取得了除男单以外的其他6项冠军，年底的国际乒联巡回赛上更是包揽了全部4项冠军。在2000年悉尼奥运会上，中国选手也囊括了全部4枚金牌。在26～28届的三届世界锦标赛中，中国运动员夺得了半数以上的冠军，在与外国球队的比赛中占有压倒性的优势，成为世界公认的乒乓球强国。

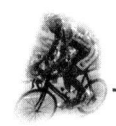

第三节　乒乓球比赛规则

奥运会乒乓球比赛设男女单打和男女双打四个单项，男女各86名选手参赛，其中单打各64人，双打32对。每个国家/地区最多只能有男女单打各3人、双打各两对选手参赛。比赛采用7局4胜每局11分单败淘汰制。

1. 发球

（1）球应放在张开和伸平的不执拍手掌上，球应是静止的，在发球员的端线之后和台面水平上。

（2）发球员应把球几乎垂直地抛起，不得旋转，离手上升不少于16厘米，并须于从最高点下降时，方可拍击。

（3）在击球前，球和球拍均应在台面水平之上。

（4）在击球时，球应在发球员的端线之后，但不能超过身体躯干离端线最远的部分。

2. 重发球

出现下列情况应判重发球：

（1）合法发出的球，触及球网或网柱后才触及对方台面。

（2）触网后被接发球的一方拦击或阻挡。

（3）如果接发球员未准备好，但球已发出，而他亦未有企图去击球。

（4）发生了一些运动员无法控制的干扰。

3. 一场和一局比赛

（1）每一场球赛可采用7局4胜制或5局3胜制。

（2）每局11分，但打到10平后，先多得2分者为胜。

（3）比赛应连续进行，在局与局之间，可有不超过两分钟的休息。

4. 发球、接发球方位的次序

（1）比赛开始前，用掷毫方式选择，胜方可选择：发球；接发球；方位或要求负方先选。

（2）每人轮流发球 2 分，直至该局结束；若双方打至 10 平，则每人只轮流发 1 分球。

（3）在一局首先发球的，下一局则先接发球。

（4）在完成一局后，或在决胜局中任何一方先得 5 分，双方应交换方位。

5. 用具及场地

（1）场地

a. 赛区空间应不少于 14 米长，7 米宽，4 米高。

b. 赛区应由 75 厘米高的同一深颜色挡板围起。

（2）球台及球网

a. 球台应为 2.74 米长，1.525 米宽，76 厘米高。

b. 台面应为暗色，网高 15.25 厘米。

（3）球拍及球

a. 球应无光泽，白色或黄色均可。

b. 球拍的大小、形状及重量均无限制，但底板应平整、坚硬。

c. 球拍的两面，不管是否用来击球，应一面鲜红色，另一面为黑色。

第四节　如何训练和提高乒乓球技术

一、乒乓球训练的几点建议

首先，球拍的选择会影响技能的发挥。乒乓球运动的发展历史证明，球拍的改进直接促进了技术的变化和发展。现代乒乓球运动，讲求快速、准确、凶狠、变化和旋转等。这些因素的大小或强弱，虽然主要取决于技术水平的高低，但与工具也有密切关系。在选择乒乓球拍的时候，各人根据自己的打法特点来决定哪一种球拍适合自己。木拍、胶皮、海绵是球拍的基本组成部分。

木拍：会因木质的不同而产生软硬度不一的质量。木质稍硬的适合快攻型球手使用，稍软的适合弧圈球及削球手使用。

胶皮：分正贴及反贴两种（长胶属正贴的一种）。

海绵：有厚薄及软硬之分。厚海绵的速度会较薄海绵快。由于各人的手感不同，在选择海绵的软硬度时，得视乎个人的感觉而定。一般来说，太硬的海绵使用者较少，而青少年球手则较适合使用稍软的海绵，因这样可以提高击球时手上的感觉。

（1）乒乓球爱好者首先可以与自己发球水平差不多的朋友练习，练练前面介绍的接发球的各种基本动作，直到基本熟练为止。

（2）然后多找些水平接近的生人练习，具体体会一下接发球的各种动作，看看哪种接发球已经基本可以对陌生人使用，哪几种把握性还不够大。

（3）接着可以同比较成熟的对手练习，在练习过程中学习和掌握自己所能领悟的一些技巧，并巩固基本动作，纠正不规范动作。

（4）最后可以到各大球馆找业余高手（至少五级以上）练习。这些业余高手可不像那些只会打快攻的老先生，他们发完球后往往是一板凶狠的暴冲弧圈，这要求你回接的球不但要低，而且要短，落点要刁，角度要大，而且威胁要大（要敢于侧身拉接和正手挑接，挫接一般会输得很惨）。如果与这些高手对决，你的接发球很好而且有威力，那么你已经达到业余一流高手行列，因为你的接发球的水平从某种程度上可以说代表了你的乒乓球水平。

二、技术分析

乒乓球有各种各样不同的打法，还有多种战术。不管是什么打法，战术如何变化多端，力量、速度、旋转、落点是乒乓球技术的基本因素。

力量作用于球，是通过球的前进速度和旋转强度表现出来的。如果你在进攻当中猛力扣杀，使对方接不好，那么你就要打得有力量。如果你是在加强旋转的强度，无论是制造上旋或下旋，那么你一定要用力摩擦球。

为了尽量减少对方的准备时间，你必须抓紧时间，争取在最短、最快的时间内把球回击到对方的桌面上，使对方措手不及，这就需要练就一定的速度。为了增加对方还击的难度，你就可以制造各种旋转球，迫使对方回球失误后"出机会"球。

基于乒乓球体积小、质量小的特点，要使自己打过去的球更具威力，必须要调动对方前后、左右的移动或奔跑。因此要讲究落点。

三、基本动作

1. 握拍法

乒乓球握拍方法分直拍握法和横拍握法两种，不同的握法各有其优点，从而产生各种不同的打法。

（1）直拍握法特点是正反手都用球拍的同一拍面击球，出手快，正手攻球快速有力，攻斜、直线球时，拍面变化不大，对手难以判断。

（2）横拍握拍法特点是正反手攻球力量大，攻削球时握法变化小，反手攻球容易发力也便于拉弧圈；但正反手交替击球时，

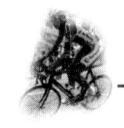

需变换击球拍面，攻斜、直线时调节拍形的幅度大，易被对方识破。

无论哪种握法，握拍都不应过紧、过松或太浅。过紧会使手腕僵硬，影响发力时的手腕动作，过松则影响击球力量和击球的准确性。直握时，食指和拇指构成的钳形不能过大或过小，以免影响手腕动作的灵活性。在变换击球的拍面、调节拍面角度时，要充分利用手指的作用。初学者尤其不应经常变化握拍方法，否则会影响打法类型及风格的形成。

2. 准备姿势

身体姿势：两脚站立分开与肩同宽，两膝微屈，重心在两脚之间，上体略前倾，收腹，持拍手自然弯曲，手腕自然放松。

位置微微偏向持拍手之另一边。

3. 正手发球

正手发球时我们可以发高远球、平高球、发网前球、正手反面发球等。当手将球向上抛后，持拍手随即向右后上方引拍，手腕放松，拍面较垂直。大臂带动前臂由右后方向左前方挥摆，同时腰也由右向左转动。拍面稍向前倾，击球的中上部。击球后，前臂和手腕随势向前挥动。

4. 推挡

击球前，上臂、前臂适当后撤引拍。球拍触球拍面与台面近乎垂直。击球时，手臂迅速迎前，在来球的上升期触球。触球一刹那，前臂稍外旋，配合手腕外展动作，并用中指顶住拍背向前用力。

5. 正手攻球

身体靠近球台，右脚稍后。上臂与身体若成35度，与前臂约成120度。当球从台面弹起时，手臂由右侧向左前上方迅速挥动，以前臂发力为主。在球上升期击球的中上部。球击出后，还原要快速、及时，放松前臂，准备下一板击球。

6. 步法

（1）单步

移动方法为以一只脚为轴，另一只脚向前、后、左、右不同方向移动，身体重心随之落在移动脚上。

实际运用于接近网小球；削追身球；单步侧身攻击在来球落点位于中线稍偏左，或对推中侧身突袭直线，或对搓中提拉球时。

（2）跨步

移动方法为一脚蹬地，另一脚向移动方向跨一大步，蹬地脚随后跟上半步或一小步，身体重心即移到跨步脚上。

实际运用于近台快攻打法，用来对付离身体稍远的来球；削球打法，左、右移动击球；跨步侧身攻，当来球速度较慢，但离身体稍远时，左脚向左前上方跨一大步，右脚随即跟上一小步，同时配合腰部右转动作，完成侧身移动。

（3）并步

移动方法为一脚先向另一脚并半步或一小步，另一脚在并步脚落地后随即向来球方向移动一步。实际运用于快攻选手在左右移动中攻或拉球；削球选手正反手削球；并步侧身攻，多用于拉削球，右脚先向左脚后并一步，以便转体，随之左脚向侧跨一步。

（4）跳步

移动方法以来球异侧脚用力蹬地，两脚同时离地向来球方向跳动。实际运用于快攻选手左右移动击球，常与跨步结合起来使用；弧圈类打法由中台向左、右移动时常用；跳步侧身攻或拉，但在空中需完成转腰动作；削球选手在接突击时常采用，但以小跳步来调整站位用得较多。

（5）交叉步

移动方法以靠近来球方向的脚作为支撑脚，该脚的脚尖调整指向移动方向，远离来球方向的脚在体前交叉，向来球方向跨出

一大步，身体随之向来球方向转动，支撑脚跟着向来球方向再迈一步，这是前交叉步。后交叉步是在体后完成交叉动作。实际运用于快攻或弧圈打法在侧身攻、拉后扑打右角空档，或从右大角变反手击球；在走动中拉削球；削球打法接短球或削突出击。

四、接球、发球技巧

1. 发球

（1）发球时动作要符合规则：一只手的上抛高度大于等于16厘米，上抛动作要在球台端线外、高于台面且需垂直上抛；另一只手的挥拍动作，若按照新规则，要高于台面，并且不能阻拦裁判和对方运动员的视线。发高远球的时候，站在离前发球线1米左右、发球场区中线附近，面对球网，左脚在前，右脚在后，两脚自然分开。

（2）发球准备

发球前，应尽可能地了解对方的基本情况和特点。做到对对方的基本情况心中有数，知己知彼，百战百胜。发平高球时，站在距前发球线约1米左右，发球场区中线附近，面对着球网，左脚在前，右脚在后，两脚自然分开（同发高远球一样）；身体重心放在右脚上面，身体自然地微微向后仰，右手向右后侧举起，肘部稍弯曲，左手拿球并自然地在胸前弯曲。发球时，左手把球举在身体靠右前方并放下，使球下落；右手同时由大臂带动小臂，以小臂加速球拍的从右后方向前，并往左前方挥动。当球落到击球人腰部稍下的一刹那，紧握球拍，手腕向前上方、以向前方为主鞭打击球，击球时，其动作比发高远球的动作小。通过学习研究各种螺旋发球，练就最拿手的发球和绝招发球，如练发擦边球、回头球、近网边线球，在发球的开局，直接得分。在开局和中局，就争取主动，把比分拉开，这一点很重要；发网前球时，站位稍前。由于网前球飞行距离短、弧线低、用力轻，因此前臂挥动的幅度和手腕后伸的程度要比发高远球小；球拍触球时，拍面从右向左斜切击球，使球刚好越网而过，落在对方前发球线附近。发球的时候，左手把球举在身体的靠右前方放下，使球落下；右手同时由大臂带动小臂，从右后方向前，往左前上方挥动，大臂开始挥动的时候，身体重心由右脚慢慢地移到左脚。当球落到击球人手臂向下自然伸直能触到球的部位的一刹那，握紧球拍，并利用甩手腕的力量，向前上方鞭打用力击球，把球击出的同时，手臂向左上方挥动，击球之后，身体重心也由右脚移至左脚，身体微微向前倾。

注意为发球抢攻作准备，其宗旨就是用各种方法提高发球的质量，增加对方接球的难度，使对方回球质量不高，从而为抢攻创造了条件。

a. 注意要利用对方的漏洞和弱点，在落点、旋转、力量、曲线上不断地变化，从而提高发球的质量，创造抢攻的机会。

b. 在发球时，注意从大体上预测对方回球的线路，从而提高抢攻成功的概率。

c. 注意利用组合发球的威力，调动对方。如发近网、短而转的球，组合发底线，左、右、近身、长而急的球，往往能收到事半功倍的效果。

d. 注意利用旋转的组合，如发近网转和不转的球，及发近网侧下旋球和"左爆冲侧上螺旋球"，把球发到对方左边线。这样旋转的组合，使对方感到难以适应，从而控制了比赛的节奏，使攻球频频得分。

谈到发球的力量，特别是发球加力，不论长球还是短球都正是乒乓球的艺术性、和技术性的一种体现。不仅在实践中可以做

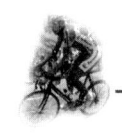

恰到好处的加力推、减力挡，在理论上也是说得通的。只要我们在加力时，控制好撞击力和摩擦力的比例，适当增加球在球拍上摩擦时的螺旋线的长度、减少摩擦厚度、适当延长球在球拍上摩擦的时间，触球瞬间，有意识地做手臂和手腕后收的动作。削弱来球反弹力的同时，借来球的力量将球挡过去，快速回球。就可以达到理想效果。在发球时还应注意球的旋转性，乒乓球旋转的多样性衍生了其曲线的丰富性，因此我们在打乒乓球时可以制造出各种各样的旋转。但是应注意的是：

a. 用球拍不同部位击球和摩擦球，发出不同旋转的球。如用拍面下侧与拍面上侧击球和摩擦球，就可以发出相应的转与不转球。

b. 用螺旋线引拍，如果在不同阶段和不同方向击球和摩擦球，会产生不同旋转。下螺旋线方向触球会产生下螺旋，上螺旋线方向触球会产生上螺旋。

c. 用手腕发力方式不同，产生不同的旋转：如果是弹击发力，则不太转；如果是上螺旋线形摩擦发力，则是上螺旋式旋转。

d. 适当增加海绵厚度，增强球拍黏性，可以增强乒乓球的旋转。特别是在使用大球以后，这个问题显得更加重要。

e. 增加合力作用在球拍上的时间和距离：如在发加转螺旋球时，应用靠近拍面右侧的部位摩擦球；如在发不转螺旋球时，应用靠近拍面左侧的部位摩擦球。

f. 动作适当加大，加快摆速，并切得薄，这样在摆速方向远离球心的条件下，摆速越快，击球力量就越大，球拍摩擦球的力量也就加大了，因此球的旋转就得到加强。

（3）常用的发球技术有正手发奔球、反手发急球与发急下旋球、发短球、正手发转与不转球、正手发左侧上（下）旋球、反手发右侧上（下）旋球、下蹲发球和正手高抛发球等。都各有不同的

特点和要求。这里简单介绍几项反手位发球方法。

a. 反手位反面切下旋或不转发球。右手为例，站位左半台，身体前倾。持球手托球左角端线，右手竖拍菜刀状，球抛起下降至网高，球拍反面摩擦球左侧下部，然后向对方左台推送，摩中带击为下旋，摩完再击为不转，两种发球动作力求一致，过去为低平不出或半出台球，让对方借不上力，只能轻挑或摆撇。

b. 高抛（平抛）强烈下旋球。没练这种发球方法时可能不会了解反手的反面可以发出强烈的下旋球，反手高抛球，反面向上尽量向身体左侧引拍。当球下降至网稍低处，球拍向前加速"削"动，摩擦球底部，就有点像削甘蔗皮的动作。注意：一定要薄，感觉摩擦的力量像大于向前送的力，这样回过去一般是左侧近网，对方刚接触时不清楚其下旋强度，用搓接很容易就下网。

c. 高抛（平抛）强烈侧下旋球。和高抛强烈下旋球动作结构基本一样。主要区别：摩擦球时，拍从自己身体左侧向右侧呈一个扇形挥动摩擦球底部，球过网稍侧跳，对方搓接不仅注意球下旋，还要调整板形抵消侧旋。

d. 高抛（平抛）急下旋球。在强烈侧下旋球的基础上减小摩擦的力量，增加向前的力量。出球后第一落点在对方端线。第二落点在对方端线，这一点尤为重要。来球快又急又下旋。用来对付那些反手只会盲目推挡的人。

e. 反手反面奔球。拍末端触球，接触球中部的瞬间，手腕内屈迅速一钩，从球中部向上部摩擦。可奔左右大角度，主要用于偷袭，不宜多发。

f. 低抛侧旋球。这种球和横板的低抛侧球一样。其实很多发球都可以借鉴横板的反手发球，如你身边有反手发球好的横板球友，不妨请教一下，看可不可以融会贯通。

（4）抢攻战略

发球变化莫测，常使对方不知所措，也使我们在技术方面有更多发挥智慧的机会。我们常会看到：在比赛中，包括一些大赛中，有些运动员，从头到尾，只用一种或两种发球。发球单调，落点也单调，常使对方较快就适应，而处于被动挨打的境地。因此多准备几套发球抢攻的路线及自己独特的击球方式，充分发挥发球阶段主动时机，努力做到：六结合＋组合，就会使我们处于不败之地。正手反面发下旋或不转球：这种发球没有反手反面发球丰富，难度也稍大，左半台身体稍侧向，左脚在前，身体重心在右脚，抛球，手腕外屈向上，让板的反面与球台平行，当球下到网稍低处由上而下轻切击球中下部，同时身体下挫双膝微屈，切击完，拍随势挥动到台下（大家有没用过打气筒？给自行车加气就是这样的动作）。这种发球略带下旋或不转，你用拍头部位触球并加大摩擦力量与用拍中部触球并加大推送力量，两者的旋转差异会大一些。不断提高发球质量，不断创造新的发球，是乒乓球运动发展的需要，也是乒乓球运动富有生命活力的体现。常用的发球技术有正手发奔球，正手发转与不转球，反手发急球与发急下旋球，发短球，正手发左侧上（下）旋球，反手发右侧上（下）旋球，下蹲发球，正手高抛发球等。在一种高质量新的发球面前，由于对方对它陌生，头脑中尚未建立条件反射。因此在击球时，感到不协调、不顺手，甚至束手无策，这样就导致发球直接得分，或间接得分，这就充分显示了新式发球的巨大威力。

2. 接球

（1）接发球的判断。判断的正确与否，直接影响接发球的方式和接发球的成败。为了判断发球的旋转性质、旋转强度及来球线路落点，我们可以对各种信息进行综合分析。就对方发球时的站位决定自己接发球的站位。观察对方发球前的引拍方

向，大体确定自己接球，击球的方式。由球拍触球瞬间摩擦球的方向，可以判断球的旋转性质。由对方发球时挥臂的动作幅度和手腕用力大小，判断球的落点长短和旋转强弱。根据发球的第一落点判断来球的长短。根据球在空中的飞行弧线判断旋转。还可以根据手感判断来球的旋转。还有要注意不同颜色球拍的不同性能。

（2）接发球技术的具体运用。挡球球速慢，力量轻，动作较简单，初学者容易掌握。挡球是推挡球技术的基础，初学者应形成正确的动作手法。引拍时，上臂应靠近身体。前臂前伸近球，手腕手指调节拍形，食指用力，拇指放松。快推是推挡球最常用的一项技术。特点是站位近，动作小，借力还击，速度快，线路变化多。适用于回击一般的拉球、推挡球和中等力量的攻球；在相持中能发挥回球速度快的优势，推压两大角或袭击对方空档，为自己的进攻创造条件。击球前靠近身体，前臂适当后撤引起。在前臂向前推送的过程中，完成外旋动作。转腕动作不宜过大，关键是时机要恰当。还有加力推回球力量重，速度快，击球点较高，充分发挥手臂的推压力量。比赛中运用加力推可迫使对方离台，陷于被动局面（如侧身正手攻前一板，加力推底线或大角度），与减力挡搭配使用，能有效地调动对方，获得主动。它适用于对付速度较慢、旋转较弱的上旋球或力量较轻、着台后弹起比网稍高的来球。要点是球拍后撤上引是为了增大用力距离。击球点适当离身体远一点。击球时间不宜过早或过迟。要有效地把身体各部分的力集中在击球的一瞬间。减力挡回球弧线低、落点低、力量轻。回接对方的大力扣杀或加力推挡时能减弱回球的力量，如与加力推结合运用，可以前后调动对方，是对付中台两面拉或两面攻打法的有效战术，它还常用于接加转弧圈球。球前身体重心略升高，稍屈前臂，球拍保持合适的前倾角度。触球瞬间，有意识地做手

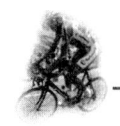

臂和手腕后收的动作。削弱来球反弹力的同时，借来球的力量将球挡过去，回球速度快。首先接上旋转（奔球）正反手攻球或推挡回接，拍面适当前倾，击球的中上部，调节好向前的力量。接下旋长球时用搓球、削球、提拉球回接，搓或削时多向前用力。接左侧上下旋球时可采用攻球和推挡（搓球或拉球）回接，拍面稍前倾（后仰）并略向左偏斜，击球偏右中上（中下）部位。以抵消来球的左侧上（下）旋力。接右侧下、下球时可采用攻球或推挡（搓球或拉球）回击，拍面稍前倾（后仰）并向右偏斜，击球偏左中上（中下）部位；回接要点和方法与接左侧上、下旋球相同。其次接近网短球用快搓、快点或台内突击回接，主要靠手腕和前臂的力量。接转与不转接球，在判断不准的情况下可轻轻地托一板或撇一板，但要注意弧线和落点。我们在接不同性能球拍的发球时要注意，长胶、生胶、防弧胶的发球基本属不转球，用相应的方法回接。如果接高抛发球如球着台后拐弯的程度大，则应向拐弯方向提前引拍。

第五节　乒乓球国际大赛及项目设置

一、世界乒乓球锦标赛

世界乒乓球锦标赛（简称世乒赛）是国际乒联最早主办的、影响最大和水平最高的比赛，从1926年的第一届世乒赛至今，共举行了40届。其中欧洲国家承办了30届。

目前世界乒乓球锦标赛共设10个项目的比赛，它们分别是：

男子团体赛——"思韦思林杯"

女子团体赛——"马赛尔考比伦杯"

男子单打——"圣勃莱特杯"
女子单打——"盖斯特杯"
男子双打——"伊朗杯"
女子双打——"波普杯"
男女混合双打——"赫杜赛克杯"
元老赛——"朱比利杯"
男、女单打安慰赛不设奖杯。

二、世界杯乒乓球赛

世界杯乒乓球赛是国际乒联主办的又一项重要比赛，每年举办一次。从1980年开始至今。

三、奥运会乒乓球比赛

乒乓球运动的历史虽然悠久，但直到1988年第24届奥运会才被列为比赛项目。奥运会的乒乓球比赛共设4枚金牌：男、女单打和男、女双打。参加男、女单打的选手各为64名和48名；参加男、女双打的选手各为32对和16对。

四、亚洲乒乓球锦标赛和亚洲杯乒乓球赛

这是亚洲地区最重要的两项乒乓球比赛。

亚洲乒乓球锦标赛创办于1972年，每两年举行1次。

亚洲杯乒乓球赛创办于1983年，每年举行1届，仿照世界杯比赛的方式进行，设男、女单打比赛。

第六节　乒乓球运动明星

维克托·巴纳（匈牙利/英国）

神奇的纪录！23项世界冠军头衔。包括5项单打冠军。在1930—1935年间，他仅仅被同胞兼双打搭档萨巴多斯击败过一回。

邓亚萍（中国）

最伟大的女子乒乓球运动员。虽然身高仅有1.52米，她却是有史以来最出色的女子乒乓球选手，曾获得1992和1996年奥运冠军，以及1991、1995和1997年三次世界冠军。

瓦尔德内尔（瑞典）

天才选手！获得了1992年奥运会男单冠军和2000年奥运会亚军。这位瑞典人同时也拥有1989和1997年的世界冠军头衔，是乒乓球史上几位最伟大的球员之一。除了赢得过个人冠军，他还具有双打方面的天赋，在团体比赛中也有出色的表现。

第二章 自行车运动

第一节 自行车运动起源与发展

一、自行车运动的历史

自行车，拉丁文为 Bicyoletta，是"快"和"步行人"的意思，中文译名"自行车"。1815年，世界上第一辆自行车出现在法国，它没有中轴和脚蹬，骑车人和行走一样，借助脚蹬地的反作用力，使车轮向前滚动。1869年，法国人玛金在前轮上加了脚蹬，骑起来省力气，速度也加快了。1890年，英国一个医生把实心轮胎改为充气轮胎，减少了与地面的摩擦力，又一次提高了速度。随着科学技术的发展，经过多次重大改革才逐渐演变为现代式样的自行车。就近代自行车而言，也有过几次重大革新，一是增添了变速装置，出现了多级变速，最多达到10～21个档位，可以随意调节，适应不同的地形和气候条件，给旅游和竞赛带来了极大的方便；二是材质的改进，向质轻、坚固的方向发展，提高了速度；三是结构形式的改进，分了自行车的型号、类别，现在流行的有踏板式自行车、折叠式自行车、椭圆牙盘自行车和多人旅行自行车等；四是动力的改进，已经出现全电控制自行车、液压传动自行车，从而使现代交通工具增多了。世界上先进的竞赛自行车，每辆只有6～9公斤重。为了进一步提高竞赛自行车的速度等性能，日本生产了"空气动力赛车"。1981年法国举行的全国自行车比

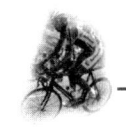

赛，冠军获得者吉西杰，就是使用的这种赛车。这种空气动力赛车已引起世界各国的注目。纵观自行车从诞生到现在170多年的历史，它一直是在改革中发展前进的。完全可以预料，各种新型自行车将与日俱增。

随着人们物质文化生活水平的提高和体育运动项目的增多，自行车在作为交通工具的同时，也已成为一种体育活动的器械，自行车运动成为人们爱好的体育竞赛项目。早在1896年第一届奥运会上，自行车运动即被列入正式比赛项目。除奥运会外，每年还举行一届男女锦标赛、男子青少年锦标赛、多日赛及洲、地区级比赛等。1900年成立了国际自行车联合会。

自行车运动起源于欧洲，1790年法国的西夫拉克伯爵（Comt-ede Sivrac）将两个轮子装在木马上，人骑在上面用脚蹬地前行，称木马轮。1868年5月31日法国的圣克劳德公园举行了自行车比赛，这是有记载的最早的自行车比赛。1893年举行首届世界业余自行车锦标赛。1895年举行首届世界职业自行车锦标赛。

以自行车为工具比赛骑行速度的竞技性运动项目，在1896年第一届奥林匹克运会上，补列为正式项目。1900年国际自行车联盟在巴黎成立，总部设在日内瓦。1965年盟代会决定分别成立国际业余自行车联合会和国际职业自行车联合会。世界自行车锦标赛每年举一次，世界性的主要比赛还有世界青年锦标赛、奥林匹克运动会自行车比赛、世界和平自行车赛。比赛有公路赛、越野赛（业余)，此外有自行车球和物技比赛；按项目有1000米计时赛、多日赛、个人团体赛、积公赛以及追逐赛。

二、自行车运动在中国

在中国这个自行车的"王国"里，如果一个成年人不会骑自

行车，就如同在巴西不会踢足球一样，会被很多人不理解。在我国，自行车的拥有量约5亿辆，以自行车作为代步工具的人数在6亿左右。曾有人形容中国是架在自行车轮子上的国家。随着近年来经济的发展，人们生活水平的提高，户外运动成了现代人的一种时尚的健身和放松的项目。在我们这样的一个自行车大国里，自行军越野自然成了现代人的首选项目。在竞技方面，越野赛也是一项很受重视的项目。

我国自行车运动的历史比较短，新中国成立前自行车只是少数人娱乐或代步的工具，没有举行过大型比赛。随着人们生活质量的提高和生活观念的转变，自行车在担当代步工具的同时，更成为了运动休闲活动的工具。人们用自行车玩出许多新花样，也演变出多种特殊性能的自行车。大约在19世纪末，自行车由外国传教士带入我国。1931年7月，国民党政府教育部把自行车运动列为中学体育课的野外活动项目。1936年2月又列为大学体育教材大纲12类之一。直到1936年，旧中国第六届运动会时，才在田径进行了第一次自行车表演。新中国成立后，在人民政府的关怀下，自行车运动得到蓬勃发展。1952年中国人民解放军第一届运动会把自行车列为比赛项目，这是我国第一次正式的自行车比赛。田径场15000米由原自行车队教练孙世海同志以27分32秒7的成绩取得了冠军。1953年5月25日—28日在长春举行了第一次全国公路自行车锦标赛，有27个代表队的226名运动员参加。其中，男运动员103名，女运动员123名。比赛项目有：男子50公里团体赛和100公里个人赛；女子25公里团体赛和50公里个人赛。此次比赛，解放军代表队囊括全部冠军，他们成为开创我国男子、女子公路自行车竞赛的先行者。

随着国民经济的发展，体育运动设施日益完善。1959年在北京建成了我国第一座标准的自行车赛车场。为了庆祝赛车场的落

成，1959年8月举行了我国第一次自行车赛车比赛。公路自行车列为主要竞赛项目，有28个单位278名运动员参加了比赛，首创了男子1公里、2公里的全国纪录。

1961—1963年期间，由于自然灾害，我国国民经济处于暂时困难时期，自行车运动的训练和竞赛暂时收缩，一度没有举行全国性自行车比赛。到1964年国家经济形势好转，全国自行车运动再度兴旺，锦标赛随之恢复。1965年第二届全国运动会，公路和场地自行车都列为主要比赛项目，男子100公里团体赛上海队创造了2小时18分8秒7的好成绩；北京队的张立华创造了赛车场1公里1分11秒4的全国最好纪录，首次接近了世界水平；赛车场女子1000米的成绩，也处亚洲领先地位；1966年7月日本自行车队来访时，进行了两场14项比赛，我国以14∶0的绝对优势大胜日本队。带动了广大自行车运动健儿闯入世界先进行列的信心和决心。1966年"文化大革命"开始后，绝大多数自行车运动队解散，器材入库，场地荒芜，比赛被迫停止；幸存的山西队也是人数寥寥，无法坚持正常训练。自行车运动和各条战线一样，备受摧残，大伤元气，呈现萧条景象。直到1972年，才勉强在太原举行4个单位60来名运动员参加的自行车比赛，其成绩和水平倒退了十几年。从1973年开始自行车运动的训练与竞赛逐渐恢复，每年都举行1~2次全国性公路和赛车场比赛，运动成绩开始回升。北京张立华以1分11秒1、山西宁艳华以1分19秒的好成绩，分别打破了1公里计时赛男、女全国纪录。1975年在第三届全国运动会比赛中，赛车场比赛打破3项全国纪录，成绩喜人。

党的十一届三中全会以来，体育战线拨乱反正，广大自行车运动员和教练员的积极性大大提高。为了提高运动成绩，他们不断地总结训练经验，改进训练方法。1979年5月，在宁夏回族自治区固原县举行了全国第一次公路自行车多日分段赛，涌现出不

少后起之秀。山西运动员吴增仁创造了场地4公里个人追逐赛5分8秒的全国最新纪录。

随着我国实行对外开放政策，自行车运动队出访、迎访、参加国际比赛日益频繁。为了适应国际比赛的要求，近年来，我国对比赛规则和方法进行了修改。如赛车场行进间出发的200米竞赛，改为1000米争先赛；团体赛和个人追逐赛，都增加了预赛、复赛、半决赛和决赛四个轮次；增加了比赛难度，丰富了比赛内容，促使我国自行车运动水平在短期内接近世界水平。

三、中国自行车运动的发展

新中国成立以来，我国与世界多个国家在自行车运动方面进行了很多交流。1957年我国首次派出由领队俞浴云，男运动员孙世海、钱怀玉、单长春和孙文生，女运动员崔淑芳、张振桂、李凤琴和曲淑英组成的中国自行车代表队，访问了蒙古人民共和国，参加了男子50公里团体和100公里个人、女子25公里团体和50公里个人等四个项目的比赛。中国队获得了男、女两项团体金牌和女子50公里个人冠军；蒙古队获得男子100公里个人赛第一。1960年在北京和长春，我国自行车代表队迎战了蒙古人民共和国和德意志民主共和国自行车代表队，德国男队获得5项冠军，我国女队取得了3项冠军。1963年在印度尼西亚举行第一届新兴力量运动会上，有法国、波兰、朝鲜、中国等14个国家参赛。我国男、女自行车队第一次参加这样的国际大型运动会。1964年和1966年，我国先后派出优秀选手访问了蒙古人民共和国和阿尔巴尼亚，并参加了第一届亚洲新兴力量运动会，获得赛车场男子2公里计时赛、4公里追逐赛、4公里团体赛和女子1公里、3公里计时赛等5项冠军。为增强新兴力量的团结和各国人民的友谊作出了贡献，

为祖国、为人民争得了荣誉。

自我国的自行车运动与国际交往中断了六年之后，中国选手开始迎战，1973年迎战阿尔巴尼亚代表队。1974年我国自行车队第一次参加第七届亚运会，并取得了很好的成绩。夺得男子公路100公里团体赛第六名，赛车场4公里团体赛第四名和赛车场1公里个人赛第三名（北京张立华，成绩1分13秒8）。1978年先后参加了世界大学生运动会、第八届亚洲运动会和亚洲锦标赛等一系列国际比赛。同年8月，国际自行车联合会正式接纳我国为国际业余自行车联合会会员国，我国自行车运动正式走向世界车坛。1980年我国派出第一支女子自行车，参加了在法国举行的世界女子自行车锦标赛。这次锦标赛让我们的队员开阔了眼界，学习了经验。

1982年的世界自行车锦标赛中，江苏选手周柞慧取得了女子争先赛第六名，我国自行车运动员第一次在国际自行车坛崭露头角。1983年我国自行车队又派出了实力较强的队伍参加世界大学生运动会。在女子争先赛中，北京的杨桂铃和江苏的周柞慧共同努力，奋战群雄，分别争得第三、四名。上海选手吕玉娥也取得1公里赛的第五名。充分显示了我国自行车运动的潜在实力。各个国家现在都特别重视科学训练，并广泛地从生理、生化、运动力学、运动医学、遗传学等角度，研究解决训练课中的大量问题。我国的体育事业也需要广泛地汲取各方面的经验，从科学的角度出发，不断地发展和提高自行车运动技术水平，全面开创自行车运动的新局面，力争在不久的将来赶超世界水平。

四、自行车运动里程碑

1816年

德国的德赖斯男爵发明了自行车的"德赖斯氏"原型。

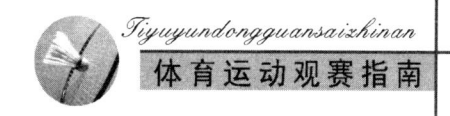

1880年

出现了第一条自行车链，自行车后轮成为驱动轮。

1887年

邓鲁普发明了自行车轮胎。

1896年

自行车比赛成为第一届现代奥运会项目。

1903年

第一届环法自行车赛。

1937年

大部分自行车的齿轮实现标准化。

1953年

加州学生詹姆斯－芬利－斯科特发明了越野自行车的原型。山地自行车诞生。

1996年

山地自行车赛出现在亚特兰大奥运会上。

五、自行车运动明星

如同所有其他运动一样，自行车比赛要求艰苦的锻炼和全身心的投入。许多国家级的职业自行车选手除了自行车外，还具有其他体育运动的背景。美国著名自行车选手兰斯·阿姆斯壮在参加自行车赛前是长跑和三角铁人赛的运动员；史蒂夫·赫格以前则是美国国家滑雪队的队员，他在没有雪滑的季节，参加自行车赛事以保持身体处于最佳状态；五届环法自行车赛冠军、世界最佳自行车运动员之一的米格埃·英杜雷恩，在家人劝他参加自行车比赛前，十分热衷于足球运动。前环法自行车赛冠军格雷·莱蒙德（Greg LeMond）和米格埃·英杜雷恩，将他们全部的精力集

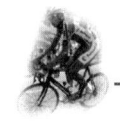

中于环法自行车赛上。

冯斯托－科比（意大利）

名副其实的"冠军"。获得 2 次环法赛冠军，5 次环意大利赛冠军。1953 年获得世界公路赛冠军，1947 和 1949 年两获世锦赛追逐赛冠军。另外，还获得 1 次巴黎－胡拜赛冠军，5 次环伦巴底赛冠军，1 次瓦龙赛冠军和 3 次米兰－圣雷莫赛冠军。他保持 1 小时记录长达 14 年之久。

埃迪－墨克斯（比利时）"汉尼拔"。在 1970—1973 年间获得 50 场胜利。获得 5 次环法赛冠军（1969—1974 年间），5 次环意大利赛冠军，3 次世界公路赛冠军，7 次米兰－圣雷莫赛冠军，5 次列日－巴斯东－列日赛冠军，3 次巴黎－鲁贝赛冠军，3 次巴黎－尼斯赛冠军，3 次瓦龙赛冠军。

丹尼尔－莫勒隆（法国）

场地赛之王。3 枚奥运金牌得主，同时 6 获世界业余速度自行车赛冠军。

第二节　自行车运动的分类

按自行车的类型自行车运动分为以下几种项目：

公路自行车——分为公路赛和场地赛

山地车——分为越野赛、速降赛以及双人弯道赛

20 英寸小轮车——分为街道花式小轮车泥地竞速和攀爬车。攀爬的自行车分为两种，一是大的攀爬车，26 英寸的。它的前齿盘有护盘，而且齿盘较小，它的刹车是油压的，比线刹要稳定的多。二是小攀爬车，是 20 英寸的。它的轮胎表面胎纹很深，抓地性很好。

公路赛：在有各种地形变化的公路上举行，奥运会设有公路个人赛和公路团体赛。公路个人赛：选择环行或往返路线，路面

要有起伏和斜坡，起、终点应尽可能设在同一地点。赛程男子170～200公里，女子60～84公里。比赛时所有运动员位于起点线集体出发，以运动员到达终点的顺序排列名次。男、女个人赛分别于1896年和1984年被列为奥运会比赛项目。公路团体赛：选择比较平坦的路面，途中应设转折点，起、终点应在同一地点。每队4人，在起点线成横排出发。队与队之间的出发间隔为2～3分钟。每队必须有3名运动员到达终点，并以第三名运动员到达终点的成绩判定名次。如成绩相等，则以该队第一名到达终点的成绩判定名次。奥运会仅设男子团体赛，1912年被列为比赛项目。

场地赛：在赛车场进行。赛车场为椭圆盆形，跑道用硬木、水泥或沥青筑造，跑道周长分400米、250米和333.33米，其中333.33米为国际标准场地。跑道宽5～9米，弯道坡度25～45度。所用自行车应为死飞轮，不得安装变速装置和车闸。奥运会比赛项目有追逐赛、计时赛、计分赛、争先赛。

追逐赛：分个人和团体项目。个人追逐赛：出发时，两名运动员分别位于跑道正中的起、终点线上，枪响同时出发，互相追逐。在规定的距离内，如后面的运动员追上前面的运动员或与之并排，被追上或并排者淘汰；未被追上则以到达终点的时间决定胜负。获胜者参加下一轮比赛。团体追逐赛：每队4名运动员参加。比赛时，运动员之间保持1米左右的距离，呈梯形队站立，枪响同时出发。如一队的第三名运动员追上另一队的第三名运动员或与之并排，被追上或并列的队淘汰。如未追上，则以各队第三名运动员到达终点的成绩判定名次。每队必须有3名运动员到达终点方可计算成绩。现奥运会比赛项目有男子4000米个人追逐赛（1964年列入）、4000米团体追逐赛（1920年列入），女子3000米个人追逐赛（1992年列入）。

计时赛：计时赛没有战术，纯粹是力量和体力的考验。每一

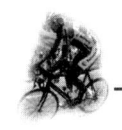

次只有一名车手与时钟进行角逐，而最快完成比赛的人成为胜利者。1889年由彼德莱设计。以运动员到达终点的时间排列名次。比赛时运动员在同一起点单个原地出发，抽签决定出发顺序。出发犯规延后5人重新出发，再次犯规取消比赛资格。以每名运动员到达终点的成绩判定名次，优者列前。如成绩相等，则名次并列。奥运会仅设男子1000米计时赛，1928年被列为比赛项目。

计分赛：又称积分赛。比赛前先抽签排列顺序，指定一名领骑者。比赛时由领骑者领骑一圈，到达起点线时，发令员鸣枪，比赛正式开始。每5圈录取前四名计分，第一名得5分，第二名得3分，第三名得2分，第四名得1分。半程和终点计分加倍。以运动员比赛中的总得分排列名次。奥运会仅设男、女50公里个人计分赛，分别于1984年和1996年被列为比赛项目。

争先赛：又称速度赛。一般排定2～4名运动员同时原地出发，计最后200米的时间，首先通过终点者为胜。男、女1000米争先赛分别于1920年和1992年被列为奥运会比赛项目。

越野赛：始于法国。20世纪50年代，一些自行车运动员厌倦了在现代化公路上枯燥的训练和比赛，他们到丘陵地带寻找新的环境、新的挑战，于是一种全新的运动方式诞生了。自行车越野应骑山地车，据传，美国加利福尼亚大学学生斯科特（James Finley Scott）是第一位将普通自行车改装成山地车式样的人。以后越野运动逐渐在欧洲流行，并形成赛事。1990年国际自行车联盟承认了这项运动，1991年首次举行世界杯赛。越野赛应选择崎岖不平、有天然障碍的路面，必要时设置人工障碍。赛程男子40～50公里，女子30～40公里。比赛时各队从左至右排成一路纵队集体出发，以到达终点的时间判定名次。男、女个人越野赛均于1996年被列为奥运会比赛项目。

第三节 比赛规则及技术标准

一、自行车竞赛规则

1. 赛距：职业运动员最长 24 千米，业余运动员最长 21 千米，青年 15 千米，必须有四分之一的路程不骑行，(如坡地，森林少地，水沟，小溪，小桥等)，其余可为小路和公路；

2. 在环形路上，按逆时针方向骑行，每圈长度不得少于 3 千米，起点面宽 9 米；

3. 路线不得交叉，路面宽不小于 2 米，障碍高不得超过 40 厘米，沟不宽于 1 米，桥宽不小于 2 米；

4. 抽签定序，成一路纵队集体出发。

5. 设换车处一个，每圈均可换车。

二、等级技术标准

中国男子公路自行车运动员技术等级标准

1. 男子 100 公里团体计时赛

国际健将：2 小时 03 分 00 秒

运动健将：2 小时 09 分 00 秒

一级：2 小时 12 分 00 秒

二级：2 小时 15 分 00 秒

三级：2 小时 20 分 00 秒

少年级：70 公里 1 小时 40 分 00 秒

2. 男子 30 公里个人计时赛

国际健将：38 分 00 秒

运动健将：40分00秒

一级：42分00秒

二级：44分00秒

三级：48分00秒

少年级：20公里29分00秒

第四节　自行车基本技术

一、姿势

运动员要想在比赛中创造良好的成绩，首先要掌握正确的自行车操作姿势。轻松自如地操作，可降低能量消耗，避免不必要的肌肉紧张，保证力量和技术得到充分发挥。正确的骑行姿势要通过专门训练才能形成，每次训练课都要严格要求，不论高速骑行或是终点冲刺，都要保持正确的骑行姿势，万不可忽视。

正确的骑车姿势是：上体较低，头部稍倾斜前伸；双臂自然弯曲，便于腰部弓曲，降低身体重心，同时防止由于车子颠簸而产生的冲击力传到全身；双手轻而有力地握把，臀部坐稳车座位。

正确的骑车姿势，在相当大的程度上决定于车辆的尺寸、车座和车把的位置，运动员的身材大小及身体各部分的结构。影响骑车姿势的因素可分为车的因素和人的因素。车的因素有车架大小、车座高低与前后、车把倾斜角度和把立管长度等五个方面；人的因素涉及腿长、臂长和躯干长度。腿的长度决定车架的高低；躯干长度和臂长的总和决定车架的长度，曲柄的长度则与训练、竞赛场地有关。坡度大、弯道多的路面需要曲柄短些，反之，曲柄可长些。

1. 车座的选择与调整：

自行车运动员能平稳地骑行前进，是依靠车把两端和车座三个支撑点形成一个平面，来维持平衡的。在这三个点中，车座是主要支撑点，它承受着大部分身体的重量。为了充分发挥踏蹬技术，运动员的座骨结节需要支在车座上，所以，必须根据个人骨盆解剖构造来选用适合的车座。座骨结节间距离宽的可选用宽车座，坐骨结节间距离窄的可选用窄车座。如果坐骨间距离宽选用了窄车座，车座就会嵌入坐骨之间，使坐骨神经和肌肉过度紧张，破坏骑行姿势和正确的踏蹬动作。

车座的选择还要考虑到骑行距离长短和运动强度大小。赛车场距离短，强度大，骑行时肌肉、神经高度紧张，可选用窄车座。公路训练和竞赛，骑行时间长，可选择与坐骨接触面较宽的车座。女运动员由于生理特点，不论公路与场地，都应选择较宽而柔软的车座。无论男女运动员选用的车座平面都要绷紧，不能有明显凹凸现象，以免影响正确的骑行姿势。

车座前后的调整。先将车座固定在水平线上，然后再调整车座前后。根据运动员大腿长度，把座子前端调整到中轴垂直线后2~5厘米处。大腿长，车座应多向后移动，大腿短，车座稍向前移动，但车座前端一般不超过中轴垂直线后2厘米。

车座高低的调整。运动员坐稳车座后，用脚跟蹬住脚蹬，当脚蹬到最低点时，腿应正好伸直，既不感到过分伸脚，也不使膝关节有弯曲。

调整好的车座，应使运动员在踏蹬中，踏蹬到曲柄与地面平行的位置时，膝关节垂直线能正好通过脚蹬轴的中心。踏蹬到最低点时，膝关节能稍有弯曲。以利肌肉在紧张之后可得到暂时休息。经过几次骑行检验，如感到用力合适，就可固定下来。车座固定后，要把有关的测量数字记录下来，作为以后更换车座或车辆

时的依据。

2. 车把的调整：

车把的调整对调整骑行姿势很有意义。调整车把的宽度应与运动员的肩宽大体相同，一般为 38～41 厘米。如果宽于肩，会增加风的阻力；窄于肩，胸腔会受到挤压，影响正常呼吸功能。车把的高度，应根据运动员上体尺寸和臂长来决定，并注意专项的特点。公路运动员用的车把可略高些，场地运动员用的车把可稍低一些。合理的车把高度是使公路运动员的上体角度（即通过髋关节的水平线和髋关节中心至颈椎中心连线）保持在 35～45 度之间；场地运动员的上体角度保持在 20～30 度之间。

把立管的长度，最好是当运动员踏蹬到曲柄与地面平行的位置时，肘关节与膝关节能稍稍相碰。

车与各部分间距离调好后，不要轻易改变，特别是在比赛前不宜变动，否则，会破坏已形成的动力定型，影响运动员在比赛史发挥正常水平。

附：

人体各部位的测量

上肢长度：从肩峰端到手握拳后第三手指关节凸隆处的距离。

躯干长度：从胸骨顶端到耻骨联合下端。

下肢长度：从股骨头大转子到足跟底部。

脚长：从脚趾前端到脚跟后。

自行车各部位的测量

车身长度：由把立管中心点到车座管中心点。

车架高度：由车座处三通中心点到中轴的中心点。

曲柄长度：由中轴中心到脚蹬轴中心点。

脚套长度：由脚蹬轴中心点到脚套前端内边沿。

二、踏蹬技术

踏蹬动作是自行车运动中关键的技术动作，也是最复杂、最难掌握的动作。我们平时骑自行车时或许感觉不到踏蹬技术的重要性，而在比赛对速度的要求下踏蹬技术的好坏就显得尤为重要了，良好的踏蹬技术可使运动员以最小的能量消耗得到尽可能大的功率，达到高速度。为此，自行车运动员一定要在改进踏蹬技术上狠下功夫。

1. 作用力分析

踏蹬动作是周期性运动，即在一个固定范围内，以中轴为圆心，以曲柄为半径，重复地进行运动。每踏蹬一周可分为四个阶段。

第一阶段：上临界区（上死点）。

第二阶段：工作阶段（用力阶段）。

第三阶段：下临界区（下死点）。

第四阶段：回转阶段（放松阶段）。

沿着圆周进行踏蹬的力量都是通过切线来传递的踏蹬到每个阶段时，肌肉用力各不相同，两只脚交替进行踏蹬，当一只脚处于回转阶段时，另一只脚已进入用力阶段。踏蹬到上下临界区时，应尽量使肌肉放松，并尽量缩短在临界区停留的时间。用力阶段是踏蹬主要阶段，只有在用力方向与切线垂直时，力量可以达到最大限度发挥。运动员在这个阶段内使用的踏蹬力是自行车前进的主要动力。因此，要把力量充分、合理地运用在这个阶段。这个阶段内踏蹬力量愈大，车子前进速度就愈快。回转阶段叫放松阶段。这段时间里一只脚踏蹬做功，而另一条腿主动向上抬起，不能给脚蹬任何压力。并利用抬腿短暂的一瞬间让肌肉放松一下，

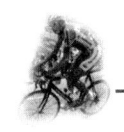

以便把力量集中起来用于做功阶段。有时需要采用"提拉式"踏蹬,即利用抬腿动作给脚蹬以拉力,以加大另一只脚做功阶段的踏蹬力量,达到取得更高速度之目的。

踏蹬时脚掌应平稳地踏在脚蹬上,脚蹬应在脚掌中部和脚趾之间,也就是脚掌正好踏在脚蹬轴上,脚掌的纵向与脚蹬轴保持垂直。鞋的前端可伸出脚蹬5～7厘米(根据脚的大小决定)。鞋卡子的位置应正好卡在脚蹬框上。鞋卡子要钉正、钉牢,皮条系紧。加强在用力时两脚的有机配合,帮助运动员正确地完成踏蹬动作。

2. 踏蹬方法

自行车运动的踏蹬方法有自由式、脚尖朝下式和脚跟朝下式三种。

自由式踏蹬方法是一种极为普遍的踏蹬方法,大多数优秀的运动员都是采用自由式踏蹬方法。这种踏蹬方法,就是脚在旋转一周的过程中,根据部位不同,踝关节角度也随着发生变化。脚在最高点A时,脚跟稍下垂8～10度,踏蹬力量是朝前下方;用力逐渐加大到B点时,脚掌与地面成平行状,踏蹬力量最大;再向下,用力逐渐减小,进入下临界区,肌肉开始放松,脚跟略向上抬起,到C点时,脚跟逐渐上提到15～20度;当脚回转到D点时又与地面平行,往上行,脚跟又向上提起。重新进入A点。自由式踏蹬,符合力学原理,用力的方向与脚蹬旋转时所形成的圆周切线相一致,减少了膝关节和大腿动作幅度,有利于提高踏蹬频率,自然地通过临界区,减少死点。大腿肌肉也能得到相对的放松。但这种踏蹬方法较难掌握。

脚尖朝下式踏蹬方法:目前不少运动员尤其是短距离运动员采用脚尖朝下式踏蹬方法。其踏蹬特点是,在整个踏蹬旋转过程中脚尖始终是向下。这种方法踝关节活动范围较小,有利于提高频率,容易掌握,但腿部肌肉始终处于紧张状态,不利于自然通过临界区。同时长距离的行车运动也不宜采用这种方法。

脚跟朝下式踏蹬方法：脚跟朝下式踏蹬方法是脚尖稍向上，脚跟向下 8~15 度。这种方法在正常骑行中很少使用，只是少数人在骑行过程中做过渡性调剂用力时才使用脚跟朝下式踏蹬方法。它的特点是肌肉在短时间内改变用力状态，得到暂短休息，达到恢复肌肉疲劳的目的。这是行车疲劳过程中的一种休息方式，所有的踏蹬方法运动可以综合运用，适时地调节自身状态。

3. 踏蹬动作的训练

踏蹬动作从现象上看似很简单，但要准确掌握，达到动作协调完美，却十分困难，既须反复地进行训练，又不要负担过重，更不宜在疲劳情况下训练。

开始训练时，千万不能过度要求速度快，而且先不要用皮条捆脚，让运动员用较多的注意力体会踏蹬动作，培养踏蹬的"感觉"。在经过一段训练后，能够轻松自如地、圆滑有力地进行踏蹬时，再逐渐加快速度，系上皮条进入正常系统的踏蹬训练。

训练踏蹬动作，不论是新运动员还是训练有素的运动员，都要坚持循序渐进的原则，同时要注意发展髋、膝、踝关节的灵活性及力量，以助提高踏蹬技术。踏蹬技术训练，也可以在练习台上进行，其好处是能及时得到教练员和同伴们的指导，能使运动员集中注意力改进踏蹬技术。

三、跟车骑行

跟车骑行是自行车运动员节省体力的一种捷径。自行车运动员无论在团体赛或个人赛中，正确运用跟车骑行技术，是争取胜利的一个主要因素。这是因为运动员跟在别人后边骑行时，可以借助于前边运动员冲破空气阻力所产生的涡流，减少空气对身体

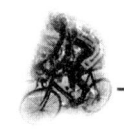

的阻力，从而减少自身体力的消耗。

跟车骑行技术的要领首先是要缩短与前面车的距离，以不影响视线，容易观察前面路面为最佳。公路骑行，跟车距离一般在15～30厘米。同时要注意风向和风力。风从正面迎来，应由一人领骑，其他人在后面排成一路纵队，跟在前车左侧方或右侧方15～30厘米处。如风从左方来，可跟在前车右侧后方；风从右方来，可跟在前车左侧后方。如果侧风较大，跟随前车距离要近；如果侧风小，跟随前车的距离可稍远些。在下坡时向旁边骑开些，转弯时稍向后，以免发生事故。

跟车骑行时还要注意姿势，头稍抬起，两眼正视前方，余光看到前车的后轮即可。倘若只低头看自己前车轮，一旦前面出现障碍，就有摔倒的危险。当然，在团体比赛中，交通停止，路面平坦，短暂的瞬间低头骑行，使颈部肌肉得到放松也是允许的。

跟车骑行中由于自行车运动的特点，很容易发生两车相撞，多数是后面车的前轮碰上前车的后轮，失去平衡而摔倒。加强运动员的操车技能训练，提高在各种复杂情况下的应变能力，是预防跌倒的积极方法。尤其在激烈的训练和比赛中随时会出现碰撞、跌倒等现象。出现两车相撞跌倒进程中，要沉着、冷静，不要害怕，不要过早撒把，也不可闭上眼睛，消极等待跌倒。在身体即将着地时，两脚要迅速从脚套中抽出，要注意保护头部，有意识用肩部和背部着地，作滚翻动作，减轻摔伤程度。前面的运动员要继续平稳前进，后面的运动员也不要刹车，只要稍微减速即可。如左面撞上前车，应将身体和车子一齐向右歪，同时将把向右转，这样，两车即可逐渐分开。若右面相撞，可向左方做同样的动作。

要掌握娴熟的跟车技术除进行专门训练外，还要贯穿在每次训练课中。开始训练跟车时，跟车距离可稍远些，相距30～50厘米，随着骑行技术的提高，不断缩短跟车距离，直到15～30厘米。

从两人配合练习逐渐过渡到三人、四人配合练习。同时，要专门训练撞车后的摆脱技术，防患于未然。

四、原地起跑技术

起跑技术在各项比赛中都是很重要，尤其是在短距离项目里起着决定胜负的作用。

自行车比赛的起跑方法分为扶车与不扶车两种。在赛车场比赛中多采用扶车起跑，是在比赛之前运动员骑在车上，由裁判员扶住车座后下方，或一手扶前叉三通，一手扶车座后下方，维持平衡。运动员在起跑前应先拉紧脚蹬皮条，然后扶好车把，作一两次深呼吸，腰部放松；坐稳两个脚蹬保持与地面平行，或是踏蹬的第一脚的脚蹬稍高一些，当听到裁判员"预备"口令时，臀部及时、平稳地离开座位，准备启动，但动作不要过猛，防止抢跑犯规。听到出发枪声后，踏蹬第一脚立即作迅速而有力的下踏，但不能用力过猛，避免肌肉过分紧张和不利通过"死点"；另一只脚借助皮条和脚卡向上用力提脚蹬，脚尖稍向上抬起，防止脚套拉脱。在左脚踏蹬时，左手用力向怀里拉把，集中使排力量，右手以同样力量向下按车把，两臂弯曲，上体前移，整个身体成弓形用力。循环至另一只脚踏路时，动作相同，方向相反。同时，头部稍稍抬起，注意车子平衡，直线加速前进。起跑到60～80米达一定速度后，运动员可平稳地坐到车座上。利用已有的惯性，稍放松踏蹬几下，调整一下因起跑产生的肌肉紧张状态，然后，立即转入正常踏蹬。这里要特别指出，由站立式往下坐时不要向后猛拉车把，防止车子减速。而在公路成组出发的比赛中则采用不扶车起跑。不扶车起跑的方法是，在出发前，运动员两手扶车，骑在车架上方，一只脚踏上脚蹬，另一只脚踩在地上。当听到出发信号

时，用力蹬地使车向前移动，并迅速坐在车座上，套上脚套，用站立式骑行方法加快速度。

五、自行车花式

时下许多年轻人已不仅仅是把自行车当作自己上学或上班的代步工具，对于一些人来说，B仔或BM仔这个词一点都不陌生。

我们讲的B仔的正确名字是BMX，全名是BICYCLE MOTO CROSS（自行车越野）。它是在20世纪70年代中后期在美国兴起的一种自行车越野运动。由于它的车型比较少，轮胎比较粗而且比赛的赛道也和越野摩托车所用的赛道十分相似，所以有了这个名字。这项运动很快在青年人中流行起来，到了80年代中期大多数年轻人深受滑板文化的影响，觉得只在泥地里比赛太过单一了。于是开始把BMX拿到平地和滑板的场地里玩，而且玩的花式比滑板更多，跳得更高、更刺激了。它的名字也变成了BMX FREE STYLE（自由式BMX自行车）。

FREE STYLE具体分为五种：

第一种是最原始的泥地竞速比赛。

第二种（DIRT JUMP 泥地跳跃比赛）利用泥土做成的坡度进行跳跃花式比赛。

第三种（STREET 街道）利用模仿街道障碍的道具场地进行比赛。

第四种（HALF PIPE 半管道）在半管道场地里进行跳跃花式比赛。

第五种（FAT LAND，平地花式）在指定的平地里利用BMX车做各种平衡滑行的动作进行比赛。

平地花式是最基础的，也是最重要的，它的动作有上百种，其中最基本的是车上静平衡,如后轮点地跳、前轮点地跳、擦轮、定车、飘、过桥等。初学者在提高静平衡能力后才能练习更高难度的动平衡,即在自行车运动中做动作。

BMX的车身一般采用合金制成,可以承受从几米高的地方摔下的冲力。设计上也有许多的特殊之处,如不受车闸线的限制,可做360度转动的车把,前后轮都有可供脚踩的"火箭筒"等。一辆车只要换一些小的零件就可以做出不同的玩法,可以满足不同性格的人的需要。

六、自行车攀爬

简单地说,自行车攀爬就是骑自行车时利用技巧和平衡,通过各种不同类型的人工或天然障碍物。自行车攀爬是少数非竞速自行车项目之一。技术主要包括在不同车速情况下的平衡和跳高、跳远。国际自行车障碍赛联盟对自行车攀爬比赛的定义是"车手骑自行车根据判断和平衡,用各种技巧以达到在尽量短的时间里通过指定障碍区并尽量避免身体和障碍物及地面接触,以避免被罚分。这种自行车比赛就是自行车攀爬比赛"。自行车攀爬(TRIAL)是一项颇为有趣的运动,这种运动有点像大家熟悉的山地车运动。它要骑着专用的自行车攀越障碍和岩石,这种运动也具有一定的观赏性。

BMX是平地花式自行车的简称,就是我们在ESPN国际体育台看到的那种在U型台上飞来飞去的那种小轮车,车把能做360度的旋转。所以能玩出各种让你意想不到高难度动作,分为平地花式,街区障碍赛,U型台,土地腾越几种比赛方式。

如果你有机会亲身目睹TRIAL表演,那一定会让你不相信自己的眼睛,你可以看见运动员骑着攀爬车熟悉的运用车手本身掌

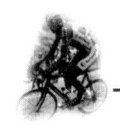

握的平衡和"蹬推"动作攀越几乎让一般人走也走不过去的障碍物，有时还会利用障碍物做出各种各样难度很高的花式动作。如果遇上一个顽皮的车手，他还会现场挑选几位观众参与他的表演。让观众躺在地上，他做出定点跳，前轮跳，后轮跳等动作。几乎每次跳跃都差一点碰到躺在地上的观众，把他们吓个半死。但车手做出来的动作都是有百分之二百的信心才会在大家面前卖弄的。所以也不要太过担心。

TRIAL的自行车分为两种。第一种是大的攀爬车，它跟我们平时在街上见到的山地车有一点相似，都是26英寸的自行车，但是它的前齿盘装有护盘，而且齿盘比较小是让车手攀越障碍物是更容易和更灵活；还有它的刹车是用油压刹车，油压刹车比我们平常用的线刹车刹得更死，对于攀越障碍时有很大帮助。除此之外，车的轮框和胎的强度和气压也有不同。第二种是小攀爬车，它跟BMX也有相似之处，同是20英寸的自行车，前齿盘也有护盘，也使用油压刹车，但它的前后轮分别是20x200、20x250，而且轮胎表面胎纹也很深，抓地力很强，是为了车手在一些比较滑的障碍上保持平衡。

七、山地速降

什么是自行车高山速降？你只要骑过自行车，肯定试过从一些斜坡飞驰而下那种很"爽"的感觉。这就是最原始的DOWN-HILL（高山速降，简称DH）运动。DH作为一种以刺激、危险著称的终极运动很早以前就已经在一些欧美国家相当盛行。原因很简单——极具挑战性。试想一下，驾着自行车以每小时50～80公里，甚至更高的速度在复杂多变的山路上迅速滑降，其危险系数绝对不比F－1的车手驾着赛车以每小时200～300公里的速度在

赛道上"飞"的危险性低。但很多玩家相信，DH运动给予他们的极速快感是那些依靠机械造出来的快感，例如方程式赛车、摩托车赛车等无法比拟的。

由于DH的速度如此之快，因此运动员们身体保护措施不容忽视。一个DH车手，除了一套质料优良（色彩斑斓则更酷）的车衫和一双越野自行车鞋外，还有一个专门为越野摩托车和DH设计的轻便、保护性好的"全盔"。它多为高韧度碳纤外壳，泡沫胶内层，口鼻前面有缓冲胶栅，再配一副能见度高的透明眼罩。此外，对身体也有一套保护周全的"护身甲"。其中包括一件连接护肩、护臂、护肘、护腕和护胸的甲衣，一对长及小腿胫骨的铁壳或胶壳护膝、一个腰封。当然还有一双皮质柔软、手感好的手套。另外，自行车裤也非常讲究，一些"重要部位"如大腿内侧、臀部也需要用加厚的棉垫来保护。

DH车的结构和零件配备直接与玩家自身的安全相关。DH的车身大概可以分为几大部分。首先是车架，DH车的车架大多数采用中间带有避震鼓的中央避震，架质多为加压铝合金碳纤维。车架比较重，其著名品牌有GT、DIAMONDBACK、CANNON-DALE等。车架的前叉也极讲究，可分为两类：一种为高位避震前叉俗称"高叉"，另一种为低位避震前叉最著名的有ROCKSHOX、MOTO、MANITOU、RST等等。其次，车的大小牙盘、变速器等基本上用套件，日本SHIMANO厂生产的XTR系列比较不错。又因为DH运动的速度很高，所以大部分玩家都选用性能优越的碟式制动。据资料显示，近几年来欧美各国的某些玩家已经实现了DH运动的返璞归真，即整架车舍弃了中央避震和前叉避震，由于是山路上往复不定的震荡和惊人的速度糅合在一起，他们称之为"终极速降——"EDH"。

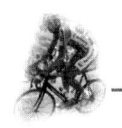

第五节　自行车的分类与维修保养

一、自行车的分类

1. 自行车的规格与要求

根据国际自行车联合会规定，竞赛自行车有公路赛自行车（包括越野赛自行车）、场地赛自行车和摩托领先赛自行车。作为竞赛的自行车，第一，必须是人力推动；第二，不准装有任何防风（减少空气阻力）设备，但可装变速器；第三，自行车长不能超过2米，高不得超过75厘米，中轴与地面距离为24～30厘米，中轴到前轴距离为58～75厘米，中轴与后轴之间的距离不得少于55厘米，车座前端垂线在中轴后不能超过12厘米。车把宽度不少于75厘米。车轮直径、车座、车架形式等可自行选用。

为了保证运动员的安全，公路赛车必须性能灵活，前、后刹车有效，用橡皮或软木塞堵住车把管头。车上不能有尖锐零件，螺丝不许突出。赛车场自行车使用死飞轮，不设刹车和变速装置。

山地车可以分为几个种类，主要的前避震型，前后避震型和无避震型。所有这些种类的车都是为了在野外或泥地越野而设计的。山地车的特征是有结实的车圈，有为应付多种多样地形而采用的多比例齿轮组，有力的刹车和手把变速器。前避震设备是一个有压力吸收器的前叉，而全避震设备则是更为有利的具有第二个外加的避震器去吸收来自后轮的冲击。除了避震带来的明显舒适感外，避震还使在控制方向、刹车和加速时保持车轮能稳定地接触路面。

2. 自行车材质分类

自行车是极为普遍的交通工具。用以代步的自行车与职业车手所使用的有极大的分别。一位职业车手含有2～4辆特别设计的赛车，根据不同类别的赛事而分别选用。许多职业车手仍喜爱传统的钢制自行车，但是由于材料技术上的革新，现时已有碳纤维和钛金属的自行车，令车手们可有更多的选择。自行车赛车运动决不是一项廉价的游戏，职业车手使用的自行车每辆成本往往需要3000～4000美元。

材质的分类有钢材：高拉钢（hi－ten）比较廉价的钢材，铬钼钢（Cr－Mo）传统型的坚固耐用类钢材，特点：管壁薄、重量轻。铝材：普通铝特点：轻、不会生锈。6061铝比普通铝材韧性、强度强10%～15%，7005铝比6061铝更好。碳纤维（WCF）、新时代新科技材料钛合金（TI）：重量最轻、硬度最强的材料，是车辆材料中的极品。现在，自行车和组成的零件，普遍由钛金属制成。

3. 自行车避震器的作用及分类

自行车的避震器对于运动员来说也不能忽视，避震器有阻力胶、弹簧、气压、油压之分，弹簧一般是大陆产的或者台湾产的，用于廉价的、普通（即仅仅用作代步）的交通工具，这种避震有两极：一种是特别软的，有的是软得一坐上去冲程就已经过半的；一种是特别硬的，有的硬得根本压不下去的。如果是自行车发烧者，都不会用这种弹簧式的，这也是避震当中最低级的一种。阻力胶比弹簧要好，而且一般都比弹簧要轻，调节方便，保养也方便；阻力胶也有它的缺点，就是阻力胶会老化，用久了会变硬，但是价格中下，适合有心无钱的爱好者（如MANITOU的5代、ROCKSHOX的Q系列等）。气压类就是利用密封的气体的压力实现避震的，这种避震器轻（因为阻力的来源是气体，气体的重量有多轻，大家都知道）而且不怕老化；缺点就是因为是气压，密封

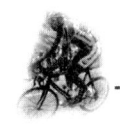

再好也会漏气，需要经常测试并调准气压，否则可能会因为气压的不平衡而损坏叉体（如 ROCKSHOX 的 SID 系列就是半气压半油压的）。油压就是用一个油压胆代替阻力胶、弹簧等实现避震，它可以不用经常料理，也比阻力胶轻，但是如果油压胆损坏了，就要整个胆换掉，费用不菲。

二、自行车传动理论知识

自行车比赛是最需要体力的运动之一，对选手的要求有时甚至似乎超越人的极限。即使车手拥有最佳的身体状态和训练，如果缺少了最优秀的设备，车手也不可能达到最高的水准。

自行车运动是半机械化运动项目。教练员和运动员应掌握一定的机械原理和力学知识，有效地利用传动速比，合理掌握运动强度，巧妙地节省体能消耗，从而以充沛的体力，进行优质高效的科学训练。

1. 自行车传动

自行车是传动式机械，它的传动装置包括主动齿轮（通称轮盘）、被动齿轮（通称飞轮）、链条及变速器等。

齿轮比与传动比关系着自行车的使用效率，教练员和运动员应该懂得并掌握这些数据的计算与应用。

齿轮比：主动轮对被动轮的齿数之比为齿轮比。如果两个齿轮的齿数相同，那么踏蹬一周，两个齿轮和后轮都各旋转一周。假如主动齿轮的齿数大于被动齿轮的齿数，那么每踏蹬一周，被动齿轮转的圈数就大于一周多，速度加大。因此，齿轮比与主动轮的齿数成正比，与被动齿轮的齿数成反比。以 g 代表齿轮比，c 代表主动齿轮的齿数，f 代表被动齿轮的齿数，它们之间的关系用公式表示，即：

$g=c/f$

例如：赛车轮盘为 49 齿，飞轮为 14 齿，代入公式即可求出齿轮比为：

$g=c/f=49/14=3.5$

也就是说蹬踏轮盘一周，飞轮转三周半。

传动比（传动系数）：齿轮比乘以后圈直径，即为传动比。以 d 代表传动比，b 代表后圈直径，它们之间关系用公式表示，即：

$d=c/f×b=gb$

由此可见，齿轮比确定之后，传动比是与后圈直径成正比的。

例如：轮盘为 49 齿，飞轮为 14 齿，后圈直径为 27 英寸（一般习惯用英寸），代入公式即可求出传动比：

$d=c/f×b=49/14×27=3.5×27=94.5$

传动行程，每踏蹬一周，车子向前运动的距离则为传动行程，也叫速比行程，其计算方法是传动比乘以圆周率。以 m 代表传动行程，π 代表圆周率（此为常数，π＝3.14），它们之间关系用公式来表示。即：

$m=de=c/f×b×π$

自行车后轮直径的计量一般习惯用英制表示，而行程计算一般习惯用公制，因此在计算中需要把英制换算为公制。1 英寸＝2.54 厘米，用 k 来代表，即：$k=2.54$ 厘米。代入公式，即：$m=g/f×b×π×k$

例如：赛车轮盘为 49 齿，飞轮为 14 齿，后轮直径为 27 时，求它行程距离时，代入公式：$m=c/f×b×π×k=49/14×27×3.14×2.54=754$ 厘米

以上数据是自行车每踏蹬一周，车子向前行进 745 厘米，即 7.54 米。

2. 速度计算

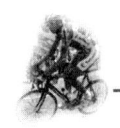

自行车运动员在训练和比赛时骑行的距离不等，速度不同，为了便于教练员训练水平，正确安排运动量和运动强度，需要在很短时间内，计算出运动员的平均速度（公里/小时）。一般以 v 代表速度，s 代表距离，t 代表时间，它们之间的关系为：

$v=s/t$

$s=v\times t$

$t=s/v$

例如：骑行距离为 50 公里，成绩是 90 分钟，平均时速则为：

$v=s/t=$ 50 公里/90 分钟 $\times$ 60 分钟 $=33.33$ 公里/小时

3. 空气阻力

车子向前进，必须借助于一定的力量。运动员踏蹬的力量，叫前进力，也叫向前推力。前进力与用力、传动比、曲柄（即中轴到脚蹬的连杆）长以 y 代表前进力，q 代表踏蹬力量，I 代表曲柄长度，d 代表传动比，它们之间的关系用公式表示则为 $y=q\times i/d$。

前进力（y）与踏蹬力量（q），曲柄长度（i）成正比，与传动系数（d）则成反比。例如：传动系数为 94.5，曲柄长度为 7 英寸，踏蹬力量为 25 公斤，前进力则为：$y=q\times i/d=25\times 7/94.5=1.85$ 公斤。

人们骑着自行车向前进时，即使在无风天也会感到有风从耳边飞过，速度越快人感觉到的风力越大，阻碍前进的效果越明显。因为人们不是在真空中骑行，而是四周始终被空气包围着。从物理学观点来讲。人骑车行进时，人和车给前方空气以挤压力，而空气给人和车以反作用力，即空气阻力。人们骑车向前进时，必须突破空气阻力，这就需要力量。不同风级所产生的风速，和垂直风向每平方米所受到的压力均不相同，只有克服这些因素，车子才能向前行驶。经过测量，无风骑行时受风面积为

0.5平方米，自行车前进速度为每小时40公里，风速在40公里/时的情况下，空气对人们的压力为5.5公斤。因此，人们必须用大于5.5公斤的前进力才能使车子前进。当运动员以自己全部体重在踏蹬点上，那么所产生的前进力是多大呢（暂不计算车子摩擦部分所消耗的力量）？例如：一运动员体重70公斤，自行车曲柄长度7英寸，速比为94.5，所产生的前进力是：$y = q \times i/d = 70 \times 7/94.5 = 5.19$（公斤）。前进力是5.19公斤，遇到六级风的阻力是0.5平方米为5.5公斤，运动员使用全部力量车子前进力才有5.19公斤/0.5平方米，仍小于六级风的阻力。所以，在六级风的情况下运用94.5的传动系数的运动员是很难骑车前进的，必须改变传动系数。不论风速40公里/时或是以每小时40公里的速度骑行时，它们垂直于风向的每平方米面积上所受到的空气压力都是一样的。自行车运动员在训练和比赛中，都会感到在前面领骑要比在后面跟随别人费力气。在前面领骑者，首先突破空气的包围，身后局部压力减低，高压空气向低压处流动，产生气体涡流，涡流向前运动产生一定的冲击力；跟随在后面骑车的人可借助涡流向前的冲击力前进就能省力气。而且跟随领骑者越近越省力。领骑者骑行速度越快，涡流向前冲击的力量就越大，跟随者合理地借甩涡流的冲击力就可以相对地减少自己的体力消耗，保存实力，赢得胜利。因此，在平时训练中应注意辨别风速、风向及尾随技术的训练。

三、如何进行自行车的日常维护与保养

自行车运动是半机械化运动项目，运动员必须依靠自行车的合作，才能取得优异的成绩。因此，自行车是否愿意合作对于每个自行车运动员来说是一大关键。在训练和比赛中的它是亲密伴

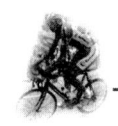

侣，取得优异成绩它是战斗武器。对自行车的日常维修和保养，是保证训练和比赛正常进行的重要条件。每个自行车运动员，应该像爱护自己的眼睛一样爱护和保养自行车，否则，就不能成为一个优秀的自行车运动员。

1. 维修保养要点

自行车要经常擦洗，保持清洁。擦拭自行车，可用50%的机油与50%的汽油混合作为擦拭剂。只有把车擦拭干净，才能及时发现各部位的故障，抓紧修理，保证训练和比赛的顺利进行。

检查车辆时要注意：车架、前叉等部位不能有裂痕和变形，各部位的螺丝要拧紧，车把能灵活转动。对链条的每个节结都要仔细检查，除去裂缝节，换掉死节，保证链条正常运转。不要在比赛时装换新链条，避免新链条和旧齿轮不吻合而掉链；必须更换时，应将链条和飞轮一起更换。刹车系统各部件齐全，闸皮与车圈之间间隙度适合，刹车灵敏有效；飞轮与变速器合作，每个档位运用自如，传动迅速，各弹簧的伸缩度适中，变速线光滑畅通。每次训练或比赛结束后，应将变速装置全部回位，减少弹簧压力，延长变速器使用寿命；检查各轴承部位的转动是否良好，有无损坏现象，特别注意旋紧右中腕螺丝；脚套、皮条及脚蹬要完好无损，车座要保持与横梁平行，不能倾斜，前后位置适中，座皮若有损坏，立即更换；车轮装正，若有偏斜或变形，会使车轮上下跳动或左右摇摆，必须校正。

2. 简易检查与保养

为确保单车骑乘的安全与舒适，行前的单车检查与事后的保养，都十分重要。

(1) 轮子：转动是否正常？轮圈有否变形？是否稳固地装在前叉及后叉中央？

(2) 轮胎：胎纹是否清楚？胎压是否正常且气是否充足？

（3）刹车：刹车是否顺畅？煞车夹片是否双边同时作用，若只有单边使力，应请车店老板调整。

（4）辐条：同一轮圈上各辐条的紧度是否相同？用指甲弹弄看看是否铿锵有声，表示辐条固定正常。

（5）链条：保持润滑清洁的状况。链条的松紧以不超过半英寸为限，定期喷防锈油，骑乘完毕，应将齿轮放至最小的一圈，以防链条弹性疲乏变长。

（6）坐垫：高度是否调整妥当并锁紧？坐垫面应与地面平行。

（7）车手及车手竖管：车手是否保持平直？龙头是否有松动？

（8）车架：车架强度是否符合需求？车架与前叉有无歪曲？所有螺丝配件是否锁紧？

（9）脚踏：是否运转顺畅不会侧滑？若有弯曲、松动、损坏，则应更新。

（10）变速系统：定位变速系统，一次变动一格，看转动是否灵活？若不顺畅，则应上润滑油。

（11）车灯、反光镜：前后车灯亮度500英尺内是否清楚可辨？车灯反光镜是否干净？

（12）配件：若装有水壶架、肩袋、车袋等，应检查各配件螺丝，是否紧密牢靠？

平日多留意修护细节，可令单车寿命加长。若遇严重的问题，最好送车店保养，更换零件。

3. 自行车的润滑

由于使用过程中的磨损和空气中的各种活跃分子的化学反应，自行车各零部件都会有不同程度的损伤，这就需要及时地加以润滑。自行车各部件之间产生相对运动的形式为滚动运动和滑动运动。轴承部位产生滚动摩擦，链条、链轮、飞轮之间及其他运动着的零件之间则产生滑动摩擦。要减少运动时的摩擦，应该随时加

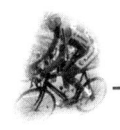

添润滑剂，将各部件之间的直接摩擦，变为与润滑剂之间的相对摩擦。各部件不直接接触，把干摩擦变为湿摩擦，减少摩擦阻力。骑起来润滑，轻便，节省体力。因为湿摩擦产生的阻力只有干摩擦阻力的1/40，所以湿摩擦产生的热量小，零件不会因过热而变形，降低了磨损，保护了零件。尤其在雨天进行训练和比赛时，更应注意给各部件加添润滑剂，防止由于水分侵蚀而造成零件失灵或损坏。因此，每个自行车运动员应特别重视润滑剂的使用。

使用润滑剂要适可而止。晴天少加一些，否则会粘上大量尘土，影响转动；下雨时多加一些（特别是链条上）。参加多日赛时，最好带上个小油壶，每骑行两小时就给链条上加一次润滑剂，以减少摩擦，否则，链条正常传动会受到影响，加重体力消耗。

使用黄油（钙基润滑脂）时，应根据气候和训练、比赛条件不同而选择不同种类的油。公路赛车应选用硬度较高的 $3^\#$ 或 $4^\#$ 润滑油，场地赛车可选用 $1^\#$ 油脂。冬天使用软一点的润滑油，夏天可使用硬一点的润滑油。

第六节 自行车运动的好处及注意事项

一、骑自行车的健康意义

美国有关部门的调查表明：邮递员在世界各行业中寿命最长。据说主要原因是他们经常骑自行车。

运动学专家也对自行车运动普遍看好，认为骑自行车与跑步、行走、游泳一样，具有锻炼内脏器官的耐力和提高心肺功能的作用。由于骑自行车是异侧支配运动，两腿交替蹬踏，还可使左右两侧的大脑功能均衡协调发展，从而提高神经系统的敏捷性。自

行车是克服心脏功能毛病的最佳工具之一。世界上有半数以上的人是死于心脏病的。骑单车不只能借腿部的运动压缩血液流动，以及把血液从血管末梢抽回心脏，事实上却同时强化了微血管组织，这叫"附带循环"。强化血管可以使你不受年龄的威胁，青春永驻。习惯性的单车运动有时比药物更有效，它能扩大你的心脏。能防止发胖、血管硬化，并使骨骼强硬，血管不至于愈来愈细，心脏愈来愈退化。一旦进入晚年感到身体状况不佳时，我们会发现，自行车运动是多么的完美。无怪乎《美国新闻与世界报》报道，目前在美国有2000万人骑自行车健身；在欧洲，骑自行车"一日游"也成为最时髦的运动方式之一。

自行车运动是需要大量氧气的运动。曾经有个老年人以6天时间完成了460公里的单车旅行。他说："老年人一周至少要有3次运动，使心脏强化起来，恢复正常功能。你要使心脏激烈跳动，但不可过久。如此它将能适应紧急状况，如赶车或抵抗困境。"

自行车还是减肥的工具。根据统计，75公斤重的人，每小时以9英里半的速度骑73英里时，可减少半公斤体重，但必须每天持之以恒。单车运动在减肥同时，还使你的身段更为匀称迷人。身材会比单独的运动减肥的人或边节食边运动的人，只靠节食减肥的人要好得多。事实上，运动所带来的结实肌肉和单车运动所练成的细小足踝，比令人憔悴、青筋突起的节食，总要好看多了吧！适当的运动能分泌一种荷尔蒙，这种荷尔蒙能使你心胸开朗、精神愉快。自行车运动也一样能够产生这种荷尔蒙。骑着这种靠本身体力去踩的双轮脚踏车，你会感觉十分自由且令人畅快无比。它不止是一种减肥运动，更是身心的一种愉悦与放逐。

自行车锻炼的好处是不限时间、不限速度。运动专家指出，由于自行车运动的特殊要求，手臂和躯干多为静力性的工作，两腿多为动力性的工作，在血液重新分配时，下肢的血液供给量较

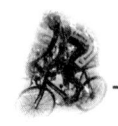

多，心率的变化也依据踏蹬动作的速度和地势的起伏而不同。身体内部急需补充养料和排出废料，所以心跳往往比平时增加 2～3 倍。如此反复练习，就能使心肌发达，心脏变大，心肌收缩有力；血管壁的弹性增强，从而使肺通气量增大，肺活量增加，肺的呼吸功能提高。

二、骑车旅行的苦与乐

在国外很多国家，骑自行车旅游已是一种很普遍的外出游玩方式，既可锻炼身体，又能从容欣赏路两边的景色，不仅不影响我们的生活环境，还可以为我们的精神世界增光溢彩。近年，随着人们环保意识的增加，自行车旅游在国内也日见流行。骑车旅游的爱好者在策划者的组织下，骑车四处游历，寻找属于自己的健康生活。

骑车出游的乐趣并不是自驾车可以代替的。相约三五知己，结伴同游，一路上可以随意停留，或在林中小憩，或于古迹驻足，轻松悠闲，不亦乐乎。去过阳朔的人们，会对这个骑车旅行的天堂留下深刻印象。自行车甚至已成为阳朔西街风景的一部分，街两旁摆放着各式各样的单车，租金由 5～10 元不等，租一辆适合自己的车，骑上就可以出发了。可以走平坦宽阔的公路也可以走崎岖的羊肠小路，不同的路线有不同的风景、不同的感受。骑车出游更是对人们意志力的考验，笔者在京顺路上就曾几次见到身着骑车服的骑车旅游爱好者们在赶路，有时队伍前后能相距几公里，落后者若没有顽强的毅力是很难坚持下来的。笔者还听成都一家旅行社的老总谈起他去年带团去九寨沟游览途中，就看到一支由老人组成的骑车旅行队伍，艰难地骑行在山路上。有时坡太陡，老人们只能下来推着走。他和车上的游客都惊诧老人们是如何克服艰难险阻，从成都骑到九寨沟的。要知道，这段路就是开车上来都够艰险的，让人不得不佩服老人们顽强的毅力。

三、自行车旅行注意事项

1. 首先要注意自行车的选择

由于自行车是旅游中的交通工具，所以自行车的好坏与旅游的成败有着直接密切的关系。自行车是根据不同的目的而开发设计的。因此，要在日新月异的新型自行车中挑选自己中意的自行车并非易事。

自行车种类很多。大致分为公路自行车、山地自行车、场地自行车、小轮车、技巧车等。一般来说，玩小轮车、技巧车与滑板、滚轴有许多相似之处，在青少年中很流行。对于以外出旅行为目的的人来说，依所去地点不同，一般选择公路车、山地车。首先，必须明确自己想骑怎样的车，然后考虑用途。例如，在山间骑行，就需要较结实的类型，山地车比较合适；在柏油马路行驶，则可选择速度较快的公路跑车。另外，自行车旅游也属于一种体育运动项目，往往同时需要考虑运动速度，自行车旅游也可分成普通自行车旅游和特殊自行车旅游。前者选用一般的加重型或标定型自行车，后者可选用特制的赛车、山地车等。特种自行车运动速度快，在不同的路线行驶时，也更加灵活有力。

此外，对自行车各部的机件做全面彻底的检查，观其是否灵敏可靠，性能良好。出发时，要携带最常用的修理工具，如扳手、钳子、气筒和各种易损坏的备用零件，如滚珠、车条、内胎、气门芯、闸皮等，以备发生故障时及时修理。在装配上，如有不合适的地方，应重新调整装配，使其保持最灵活的

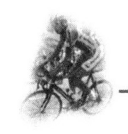

状态。

自行车车座的调整，是自行车技术的一个重要方面。自行车车座应调整到什么高度为最佳呢？一般说来，以车座较低并有5～10度的后倾最便于长途旅游。因为低车座好处很多：一是低车座蹬车灵活，可用脚的不同部位轮流用力，这样可使脚的各种肌肉轮流休息，延长耐久力；二是车座低，人的位置相对降低，可减少空气阻力，也便于伏在车把上，改进空气流张；三是车座低，微后倾，可使身体挺直，臀部受力均匀，减少疲劳感，同时又可减轻双臂的负担，保护手腕；四是车座低有利于安全，在遇到紧急情况时，双腿伸直便可着地，这样可避免造成危险。因此，旅游时对车座的调整，应以低车座为最佳，这对保持体力、速度、耐力都有很大的好处。

2. 参加自行车运动的注意要点

（1）"工欲善其事，必先利其器。"你既然爱好自行车运动，那么你起码需要具备一辆性能好的自行车，最好是带变速的。至于是什么类型，比如公路、山地、旅游、攀爬，那就要看你的目的是干什么了。

（2）"要积小胜为大胜。"刚开始骑行时，运动不要太猛烈了，那样一旦运动受伤，后患无穷。要做好准备活动。如果参加远游，每天在60～70公里就可以了。骑行几天后，逐步增加路程。当然如果你原来有一定的运动基础的话，可以适当增加一些，但是也不要太猛烈了，终究自行车运动和其他运动是有区别的。

（3）"磨刀不误砍柴工。"骑行中要注意休息，不要看别人骑得快，怕拉下就一味猛骑，这样只能是越拉距离越大。路上带点吃的。累了，渴了，该休息就休息，该补充能量就补充能量。下车适当地活动活动。要知道，坚持到底就是胜利！

(4) 生命安全比什么都重要。我们参加自行车运动是为了寻求快乐，为了增强体质，所以在运动中一定要注意安全。公路上骑行，太阳帽让汽车越过的风带走时，千万不要马上去捡，很有可能后面还有紧跟过来的汽车。

3. 准备工作

骑车远游之前要做充足的准备，尤其是数千公里的远距离骑行。准备事项有三个：锻炼身体、收集资料、备足"银两"。

好的身体是骑车远行的基本保障。主要是耐力训练，可以做一些长跑运动。其次为了加强腿部和腹部的肌肉力量，可以进行俯卧撑、仰卧起坐、引体向上、蛙跳、压腿等运动。如果有的朋友想骑车进藏的话，那就得进行耐寒训练，必须有一付能耐冷的好身板，尽可能地避免感冒，因为感冒在缺氧的高原上会加剧或转为肺气肿而危及生命。可以通过擦冷水澡来提高身体抗寒能力。先从夏天开始，经过秋天的适应，到了冬天已经可以在室外用冷水擦身了。只要能坚持下去，不仅能使你的抗寒能力大大加强，而且能使你的身体更加健康，在日常生活中，不再会因乍寒乍暖而感冒。

锻炼身体的同时，还要充实大脑，丰富你的知识，广泛收集沿途地区的自然风光、人文景观、气象地理、风土人情等各种资料，以防走马观花。读万卷书，行万里路，二者缺一不可。最后是模拟骑行训练。长途骑车之前应先做一些短途旅行，从中积累经验，锻炼身体，增强战胜困难的自信心。

前面两个条件都具备了，就轮到钱了。买自行车以及修车工具、易磨损零件、机油、相机、胶卷等等无一不需要钱，这些都备齐了，最后便是攒笔钱远行。

4. 道路的选择

长途的自行车旅行，对道路要求也比较高。骑行时应选择平

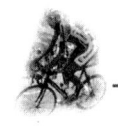

坦、易于通行的道路；除迫不得已，应尽量避免去坡道、土道，这对人对车都有损害。因此，只有在土路很明显是抄近，或非去不可的情况下，才能走土路。一般情况下，宁可多走几里，也要避开。俗话说"宁走十里坦，不走一里坎"，对于自行车旅游来讲也是有道理的。当你骑车出发时，要切记安全第一。由于你是沿公路骑行，首先要注意过往车辆，别刮着、碰着，最后是别夜间骑车。

5．骑车的技术

自行车旅行特别是长途旅行，掌握好自行车技术是很重要的，目的是为了节省体力，保证安全。自行车车座应该调整到什么高度为最佳呢？一般认为该使用低坐垫，其实这是错的。长途旅行时特别注意的是要节省体力。如果调低坐垫，每一次蹬的时候，腿不能伸直，大腿每一次发的力到关节那里就没有了，特别浪费力气，40公里后就差不多快趴下了，不但骑不快，相反还浪费体力。正确的姿势是把车座调高到每一次蹬踏板能使大腿和踏板垂直，这样的话，每一次蹬的时候就能把大腿上所发的力量达到最大，不但骑得快而且省力多了！

6．骑车速度

自行车旅游选择适当的速度也是非常重要的。一般来讲，骑普通自行车，在体力正常、道路平坦等条件下的长途旅游，速度应保持在每小时15公里左右，体力好的可加快到每小时20公里。

自行车旅游贵在保持速度。选择适当的速度，切忌忽快忽慢，有劲拼命骑，没劲步步停的现象。途中休息也可保持每2～3个小时一次，不要想停就停，应坚持到时间或预定地点再休息。在特殊的道路条件下行车，适当地掌握行车速更为重要。无论是山间小路，还是又长又陡的下坡道，车速度既不可太快，也不可太慢，应因地制宜选择速度。

四、青少年自行车远征须知

自行车远征是一项很好的运动。如骑自行车去春游或秋游，可以由学校组织，也可几个同学或同家长一起进行。骑自行车沿途欣赏大自然的美丽景色，既开阔眼界，陶冶身心，又可以培养意志，发展体力，对提高耐力有一定好处。

自行车远征的目的地，最好选择自然景点，如树木较多的山野景色，又有比较平坦的公路直通这些地方，骑行的路线也尽可能选择自然景色美和树木较多的路段。所用的车辆，可以就是平常用的普遍自行车或山地车。骑行中两腿动作要协调连贯，上体适当前倾，动作放松。骑行时要选择平坦的路面，几个人同时骑行，纵队行进，速度不要太快，每人轮流领骑一段距离。快速行进时，要大腿发力快，两腿动作协调连贯，上体尽量前倾，减少空气阻力。骑行中要注意有规律地呼吸，加强呼吸的深度。长途骑行时，可由体力好的同学轮流领骑，体力差的则尾随行进。

1. 注意事项

（1）中学生骑行的距离一般为15～50公里，具备一定水平后可适当加长。

（2）骑行的速度一般不要太快，可以快慢交替行进，具备一定水平后可以适当加快。

（3）要靠公路右侧骑行，注意来往车辆、行人，注意交通安全。

（4）骑行一段路程以后，可以暂时休息一下再接着行进。

（5）骑行过程中，可以适当搞一些短距离的比赛，以提高兴奋性。

（6）在很累的情况下，同学之间要相互鼓励，相互帮助。

2. 装备要求

（1）选车。最好选用轻型优质的单车，因为选一辆适合自己的单车可以减少很多在路途中遇到的不必要的麻烦。

（2）与车的配合。在远足之前可以先来个自我测试，做一个短途旅行，了解一下自己的体力，也可以更好适应车的性能。

（3）充分准备。例如气是否足，各部分的零件是否会有问题，在出发前一定要做一个单车性能的检修。如果有能力还可以背一个备用胎、少量工具。如果你是骑自行车越野登山，务必带上地图和指南针。

（4）骑车服。衣着要鲜艳，可以穿专用单车短裤，保护皮肤，不致因摩擦而受伤。衣服宜多层，容易调节冷热。最好戴头盔，保护头部。

（5）多喝水，以免虚脱。

（6）防晒工作要做足。

（7）路上遵守交通规则。注意四周车辆和路面情况，转弯时要发出信号，不抢道，不逆行。

第三章 攀岩运动

第一节 登山运动知识

中国是一个拥有很多高山的国家，地理条件极为优越，世界上最高的山脉——喜马拉雅山脉便坐落在我国青藏高原与尼泊尔的交界处。鉴于登山运动对地质勘探、测量和地貌、气象、生物等科学研究工作的贡献，1958年6月中国登山协会正式成立了，伴随着登山的需要，掌握攀岩、攀冰、野外生存等技术成为必不可少的一部分。

登山运动是体育运动的一类，始于18世纪80年代。运动员徒手或使用专门装备攀登各种不同地形的山峰或山岭。1786年8月8日法国医生巴卡罗与石匠巴尔玛结伴第一次登山上阿尔卑斯山的最高峰勃朗峰（海拔4807米），次年，由青年科学家德·索修尔率领的19人登山队再度登上勃朗峰，世界登山运动从此诞生。因此项运动首先从阿尔卑斯山区开始，故也称为"阿尔卑斯运动"。从1786至1865年间，阿尔卑斯山脉海拔3000米以上的高峰，相继为登山运动员登上，国际登山史上称此一时期为"阿尔卑斯的黄金时代"。19世纪80年代以后，使用各种攀登工具和技术的技术登山日渐推广，其活动地区也从阿尔卑斯低山区转向喜马拉雅高山区。1950～1964年，世界14座8000米以上的高峰，包括世界最高峰珠穆朗玛峰在内，相继为中、英、美、意、日等10多个国家的登山运动员所征服，国际登山史上称此一时期为"喜马拉雅的

黄金时代"。1964年后许多登山"禁区"被突破，开始进入从来无人使用过的难险路线攀登7000米以上高峰的新时期。1978年并在喜马拉雅高山区出现不用氧气登上高峰的阿尔卑斯式登山。中国此项运动始于20世纪50年代。1955年出现第一批登山运动员，1956年建立第一支登山队。1960年和1975年先后两次从东北山脊登上珠穆朗玛峰，并于1975年将一个特制金属测绘觇标竖立在珠峰顶上，准确测出该峰的高度为8848.13米，是国际登山史上首次对世界最高峰高程的确切测量。1964年人们登上最后一座从未有过人迹的8000米以上的希夏邦马峰。在多次登山活动中，登山运动员与科学工作者密切配合，进行了各种高山考察活动。

登山的种类可分为旅游登山、竞技登山和探险登山以及攀岩运动。

一、基本攀登技术

每一位攀冰爱好者均应熟练掌握冰雪攀登技术，各种行走和自我保护技术应反复练习、熟练掌握，这里不再赘述。下面重点介绍冰雪攀登的要领。

1. 冰镐的用法

冰镐的每一部位都有其用途，选择合适的冰镐主要取决于冰雪的坡度和类型，一般选长度为40～50厘米的短把冰镐。合理地充分使用冰镐可使攀登节省不少体力。

2. 前齿技术

冰爪除底部12个齿以外还有前齿。冰壁攀登时冰爪前齿刺进冰壁作为脚的支撑点，这种攀登方式称为前齿攀登或德国式攀登法。连续不断使用前齿会使小脚和踝部疲劳，所以必须学会放松与休息。

3. 全面接触式攀登

第一步踩稳后再行第二步，随时使踝关节放松，冰爪齿全部接触冰面。利用冰镐在冰壁上的攀登主要有4种方式：

a. 三点攀登法

当冰雪坡小于35度时，攀登方法是单手握在冰镐上面，冰镐的绳套套在手腕上防止脱落，冰镐底尖在冰面上作第三点用。冰镐镐尖与两脚必须至少两点与冰雪坡接触。

b. 平衡攀登法

坡度为35～50度时，一手握冰镐上部，一手握在冰镐接近底尖的镐把上，位置高的脚用前齿，位置低的脚全脚面接触冰面。冰镐此时所起的作用是维持身体平衡。

c. 支点攀登法

冰雪坡坡度为45～60度时，应一手握在冰镐上面，一手握在接近底尖的镐把上。上镐尖作为支点用力插入冰雪坡中，脚下用前齿攀登。

d. 双镐攀登法

当冰雪坡坡度大于60度小于90度，冰雪坡硬度不是很大时，其攀登方法是双手紧握冰镐顶部，象匕首一样插入冰雪坡中交替上升或下降。如果冰坡硬度很大，其攀登方法是双手握在冰镐把底部，把上镐尖劈入冰面。攀冰除掌握冰雪攀登技术外，还要检查冰的状况。到达冰壁后，先把冰镐上尖劈入冰里，检查硬度如何等情况。如果不适合攀登，应放弃或采用上方保护法攀登。

二、登山需要的备品

登山时的饮用水非常重要。高海拔山区相当干冷，需饮用足够的水防止脱水与维持体能。携带一个一公升容量的水瓶足矣，

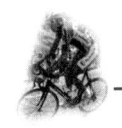

但环境太热与出汗很多则须携带两只水瓶。水瓶最好是广口的聚乙烯制品,比较容易重复使用与装雪。不要使用铝制品装水,会有味道。如果使用铝制品须注意不要和燃料油混淆。保温瓶是相当重要的物品,尤其是雪期。

　　如果我们使用塑胶制品的水袋,瓶盖口必须拧紧,避免使用过程发生瓶盖口脱落,溢出大量水。满水的水袋最好倒平放或吊起来,避免被树枝戳破。雪期最好置于营帐内,因为水袋很容易结冰而破裂。行前一定要检查水袋是否有破洞。融雪的冰置于锅内,须再加一些水,锅子不易烧焦。

　　同时还要对皮肤进行防晒和保护。高海拔山区的阳光强烈度较海边高出数倍,对于人体的舒适与健康有一定的影响。攀登过程无法避免长时间曝晒,自己必须运用衣服或防晒油覆盖皮肤降低紫外线的曝晒程度。虽然人体有天然的色素合成可以保护皮肤,但我们还是不要低估阳光的强度,它会引起病变,如皮肤癌。一般人立于阳光中 30 分钟就会被晒伤,而 10 的防晒油可以阻挡 300 分钟,所以购置 15 以上的防晒油较佳。大部分的防晒油是 paminobenzoiccid(PABA)制品。若你对此制品过敏可以用其他与此相同的防晒指数的防晒油。攀登于冰河或雪期须使用防晒指数高于 15 的防晒油,擦拭暴露于外的皮肤,尤其是下巴内侧、鼻子、耳朵内侧,因为太阳的反射光会照射到。有些品牌标榜防水与长时间的效果,当你流汗很多,自行决定合适的品牌。使用白色小丑演员用的化妆油彩或氧化锌贴最佳的防晒剂,油脂不易被洗掉,除手指与背负器材的部位不擦,但较不利的是擦拭后不易清洗须使用清洁剂,感觉较脏。嘴巴附近长期曝晒后容易长水泡,攀登者最好使用护唇膏保护嘴唇,唇膏必须不易清洗,不因流汗而消失,不易被舔掉,唇膏最好是氧化锌唇膏(含 PABA),同时须经常擦拭。

在野外有许多各式各样的昆虫,他们会等着我们每一位攀登者到来并饱餐一顿,如蚊、蝇、壁虱、螨等会吸人血的虫类。在炙热的天气如果还要穿长袖的而且厚厚的衣物,那可就不怎么爽了,所以我们需要带上驱虫剂,通常含有 N,N－diethyl－metatoluamide(DEET),驱虫效果相当好,尤其是对付蚊子很有效。虽然 DEET 对蝇类的效果不显着,但加入 ethyl－hexanediol 和 dimethylphthalate 可以增加对付黑蚋、鹿蚋和蚊的效果。壁虱会引起人体的疾病,如莱姆病和落基山热,须每天检查衣服与头发,避免它们埋入皮肤。若发现它们,应迅速涂上厚厚的油关闭它们的呼吸孔,它们会立刻撤离。若不离开让油保持半小时,然后小心用钳子夹出全身;如果它埋得太深就要动手术取出头部。

另外我们还需要带一些报纸。当攀登过程遇到下雨或建设营地时,可将报纸塞入靴内,具除湿效果;在帐篷内用餐时,可将报纸垫于餐具下方。

三、中国登山大事记

1956 年 4 月 25 日

成立不久的我国第一支登山队——中华全国总工会登山队,在苏联专家库金诺夫和兹维兹特金的指导下,队长史占春等 32 人登上了我国东部的最高峰,也是秦岭山脉的主峰,海拔 3767 米的太白山。

1956 年 6 月

两国运动员在苏联北卡兹别可山上登山营中训练后,共同攀登了高加索山脉海拔 5642 米的厄尔布鲁山。

1956 年 7 月 31 日

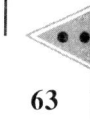

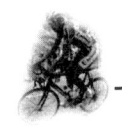

中苏组织混合登山队，攀登了位于我国新疆维吾尔自治区境内，海拔7546米的慕士塔格山。

1956年8月15日

攀登了公格尔九别峰。其海拔7530米，是帕米尔高原的第二高峰。

1957年6月13日

中华全国总工会登山队登上了四川西部海拔7556米，登攀难度很大的贡嘎山顶峰。这是我国运动员第一次独立组队进行的登攀活动，首次独立征服了7500米以上高峰。这一成功，不仅创造了我国登山运动的新纪录，而且超过了当时苏联和东欧国家的最好成绩。以攀登贡嘎山的胜利为标志，中国现代登山运动进入了一个新的发展时期。

1958年5月16日

成立了隶属于国家体委的登山运动处，史占春被任命为处长。

1958年6月

中国登山协会正式成立。栗树彬任主席，漆克昌、陈外欧、张文佑任副主席，史占春任秘书长。登山协会下设科学研究工作委员会和技术指导工作委员会，分别由张文友、许竞担任主任。

1958年7月

中国科学院组织了7个冰雪利用研究队到祁连山去寻找水源，进行冰雪考察。

1958年9月14日

许竞、崔之久、栾学富3人组成侦察组，攀登海拔6305米的疏勒山主峰的路线并且登上了主峰，中国登山活动跨入世界先进行列。

1960年5月25日

诞生仅有5年的中国登山队，完成了从北坡征服世界第一高峰的创举，为中国现代登山运动揭开了光辉的一页。从此，中国登山队跨入世界强队行列。

1964年

中国登山队再接再厉，一举征服了地球上最后一座8000米以上，尚未踏过人类足迹的处女峰——希夏邦马峰。

1966年

"文化大革命"开始，我国的登山运动和其他体育运动项目一样，陷入了无组织乃至停止的状态。登山组织被撤销，不少优秀登山运动组织者和教练员被批斗、下放；运动员流散四方。

1972年10月

国家体委重建登山队，恢复了中国现代登山运动。

1975年5月27日

中国登山队再次从北坡登上珠穆朗玛峰，创造了新的世界纪录。

1977年7月25日和30日

中国登山队两批共28名队员，分别登上了天山山脉的最高峰托木耳峰。

1977年4～6月

中国登山队的一支侦察分队，完成了对世界第二高峰乔戈里峰的实地侦察。

1978年

中国、伊朗的登山运动员，在珠穆朗玛峰下进行了联合训练。中国现代登山运动的历史性转折。

1979～1990年

党的十一届三中全会制定改革开放总方针后，中国现代登山运动发生了历史性的转折。中国登山队与各国登山界进一步建立起密切的联系并广泛开展各种交流活动。这一新阶段的到来，是

以山峰开放为先声的。

1979年8月

由刘大义、曾曙生、尚子平、于良璞等组成的侦察小组，侦察了博格达山。

1980年6月

由曾曙生、于良璞、陈建军及青海登山协会有关人员组成的侦察小组，侦察了阿尼玛卿峰。

1982年4～5月

曾曙生、于良璞、宋志义、张江援、金俊喜、张西尘等侦察了南迦巴瓦峰。

1983年

中国登山队在侦察南迦巴瓦峰时，登上了7043米的乃彭峰。

1983年2～4月

中国登山队对海拔7782米的南迦巴瓦峰进行正式攀登。由于种种原因，这次攀登活动未能取得成功。

1983年4月

仁青平措、宋志义、小加布、旺多、次仁多吉、丹增多吉、格桑等再次侦察南迦巴瓦峰。

1983年9月

曾曙生、于良璞2人，对雪保顶进行了侦察。

1983年12月

曾曙生、于良璞2人侦察了玉龙雪山。

1984年

中日联合攀登阿尼玛卿二峰。

1984年5月1日

西藏登山队登上卓奥友峰，海拔8201米，位于中国和尼泊尔的边界线上。

1984年9月12~14日

中国地质大学登山队与日本长野山岳会登山队组成的中日联合登山技术训练队，先后分3批共17人登上了青海境内海拔6268米的阿尼玛卿二峰。

1985年

中日联合攀登那木那尼峰，揭开了新时期中国登山界开展国际联合登山活动的第一幕。

1985年4月28日

西藏登山队登上处女峰——宁青抗沙峰，海拔7191米，位于西藏江孜县和浪卡子县的分界线上，是西藏中部地区四名山之一。

1985年8月25日和27日

中日友好联合登山队的8名队员，先后登上了新疆境内的慕士塔格峰附近一座海拔5850米的无名峰顶峰。

1986年

根据中国登山协会与日本长野县山岳协会1981—1990年协议，西藏登山队与日本长野山岳协会登山队组成联合登山队，共同攀登章子峰。

1986年4月30日

中国陕西省、日本国京都府联合登山队共46名队员，登上了陕西境内秦岭山脉主峰，海拔3767米的太白山。

1986年8月

四川省登山协会与日本喜马拉雅协会共同攀登了海拔5588米的雪宝顶。

1987年10月19日

由西藏登山协会和日本喜马拉雅协会协商确定，经西藏自治区人民政府批准，两协会共同组成一支联合登山队，攀登海拔7367米的处女峰——拉不及康峰。

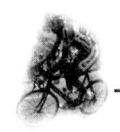

1987年5月5日

中、日、尼联合双跨珠穆朗玛峰。

1988年9月24～25日

中国地质大学与日本神户大学共同攀登了被称为"圣山"的雀儿山，海拔6168米。

1988年10月

中国登山协会、云南登山协会和日本京都大学学士山岳会决定再次联合侦察攀登梅里雪山之路。国家队总教练王振华亲自率队从主峰右侧攀登，但未能登顶。

1988年12月

中美联合攀登南极最高峰——文森峰。

1989年7月24日

内地与香港联合登山队攀登位于西藏自治区定日县境内，海拔7543米的章子峰。

1989年8月19日

中国兰州和日本秋天联合登山队11名队员经过顽强努力登上阿尔金山。地处甘肃、新疆、青海交接地带的阿尔金山，主峰海拔5798米。

1989年10月

中日联合登山队再次突击梅里雪山主峰卡瓦格博峰，经过艰苦努力，他们登达5300米处。然而这里有一条无法跨越的冰缝横在中日登山队员的面前，他们只好迂回前进，每天行动12小时以上，先后对大黑山与卡瓦格博峰之间的四条冰川进行了七次侦察，打算找到一条难度较小的登山路线。可惜这次侦察攀登也因山体风化严重、冰川破碎、冰缝难以逾越和气候转恶劣而最后失败了。

1990年5月17日

中国女登山运动员佟璐随日本京都大学学士山岳会登山队攀

登希夏邦马蜂，成为中国第一位登上海拔8000米以上高峰的汉族女队员。

1990年5月19日

联合登山队13名队员登上了藏北处女峰——海拔6460米的藏色冈日峰。

1990年12月

中日联合登山队派出以中方陈尚仁、孙惟琦、金俊喜、宋志义，日方广癫显、工藤俊二、井上治郎、中山茂树等队员组成的侦察队，赴梅里雪山。1991年1月4日早晨9时，发现距三号营地400米远的支山脊形态发生了变化，山脊表面乱糟糟的，断层出现，平平的一块冰壁已经不复存在——夜间发生了大雪崩。中日两国共牺牲了17位登山运动员，成为空前山难！

1990年5月7日

中、苏、美联合攀登珠穆朗玛峰。

1990年11月

中日联合侦察南迦巴瓦峰。

第二节 攀岩运动的历史与发展

一、攀岩运动

攀岩运动源自一个美丽的爱情故事：在欧洲阿尔卑斯山区悬崖峭壁的绝顶上，生长着一种珍奇的高山玫瑰。相传只要拥有这种玫瑰，就能获得美满的爱情。于是，勇敢的小伙子便争相攀岩，摘取花朵献给心爱的人。近年来，一项充满惊险刺激的时尚体育健身运动，悄悄登陆星城。越来越多的长沙市民，尤其是青少年

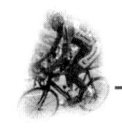

朋友，悄然的喜爱上了这项"勇敢者的游戏"。

攀岩是从登山活动中派生从来的一项运动。登山者即使选择最容易的路线攀登几千米的高峰，在途中也免不了要遇到一些悬崖峭壁，所以说攀岩也是登山运动的一项基本技能。由于登高山对普通人来讲机会很少，而攀爬悬崖峭壁相对机会较多，且更富有刺激和挑战，所以攀岩作为一项独立的、被广大青少年所喜爱的运动迅速在全世界普及开来。这项运动是利用人类原始的攀爬本能，借以各种装备作安全保护，攀登一些岩石所构成的峭壁、裂缝、海触崖、大圆石以及人工制作的岩壁的运动。也就是在岩壁上比赛攀登本领，攀登时虽设有安全保护装置，如绳索、铁锁等，一般情况下并不使用，只能靠运动员的两手两脚蹬抓岩面上突起的支点、棱角或裂缝，移动四点中的一点（三点不动一点动）向上攀登，这就需要运动者勇往直前的气魄和精湛的攀登技巧，因而使这项运动极富刺激性。

作为登山运动基本技术之一的攀岩技术自出现以来，迄今已有 100 多年的历史。其起源可以上溯到 18 世纪的欧洲，当时它是作为刚刚兴起的阿尔卑斯运动（即登山运动）的技术之一。其目的在于克服登山过程中的一些终年积雪的冰岩地形。早在 1865 年，英国登山家埃德瓦特，就首次使用钢锥、铁链和登山绳索等简易装备，成功地攀上险峰，从而成为攀岩技术和攀岩运动的创始人。1890 年，英国登山家又改进了攀岩工具，发明了打气用的钢锥和钢丝挂梯，以及各种登山绳结，使攀岩技术发展到了更加成熟的阶段。

攀岩运动真正成为一项独立的运动项目是始于 20 世纪中叶的欧洲，那时的攀岩运动一般以自然的岩壁为主。60 年代初，苏联倡导这项运动。当时的评判标准是在同样的条件下，攀登峭壁的速度最快者为优胜。70 年代成为国际性的比赛项目。1974 年 9 月，

苏联和捷克斯洛伐克的登山组织，率先在苏联和捷克斯洛伐克发起举办了首届"国际攀岩锦标赛"，计有英、法、意、美、日和联邦德国等12个国家共213位选手参赛。由苏联提议，国际登山联合会决定，每两年举行一次国际攀岩锦标赛。1986年，意大利组织了一次真正意义上的攀岩比赛，同时要求速度与难度，这次比赛，开创了攀岩历史上的新篇章。自此，攀岩运动和技术水平不断提高，规则日益完善，形成了个人单攀赛、个人平行计时赛、个人自选路线赛、结组攀登赛和小队攀登赛等比赛项目。攀岩比赛参加的国家也逐年增多，在世界各地，地区性和双边性的攀岩活动，也越来越活跃。

20世纪80年代，人们开始在城市里开发出了人工岩壁，用于休闲运动及专业训练和比赛。当人工岩壁在1983年由法国人发明后，攀岩运动才完成其萌芽到发展的过程。此后，攀岩运动以势不可当的态势席卷整个欧洲大陆。在欧美发达国家的新生代中掀起了一股改善生活方式、提高生活质量、远离喧嚣城市、融入自然的清风，在金钱至上的西方价值哲学里，注入了挑战自我，实现自我价值的元素。从1989年开始，国际上每年都要举办一届"世界杯攀岩赛"和"世界攀岩锦标赛"。近年，包括我国在内的国际登山联合会的60多个会员国也正在逐步成立区域性的"攀岩委员会"，统筹安排各地区的攀岩赛事。1992年11月，亚洲的第一届攀岩锦标赛在韩国举行。1987年我国举办了第一届全国攀岩比赛，至今已举办了十几届。攀岩运动正在以不可阻挡的态势向前发展。

虽然攀岩运动吸引了众多爱好者，但自然岩壁都是在郊外，交通、时间问题给人们带来了诸多不变，人们只能利用节假日来从事这项运动。1985年，法国人弗兰西斯·沙威格尼发明了可以自由装卸的仿自然人造岩壁。他实现了人们要把自然中的岩壁搬到城区的设想。而且人工岩壁比自然岩壁在比赛规则上易于操作，

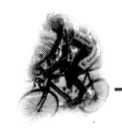

并利于观众观看。1987年，国际攀登委员会批准人工岩壁上的攀岩比赛为国际正式比赛，并于当年在法国举办了人工岩壁的首届攀岩比赛。1989年，首届世界杯攀岩赛分阶段在法国、英国、西班牙、意大利、保加利亚和苏联举行。运动员参加在各地举行的比赛，然后根据每站比赛的得分，进行年度总排名，总成绩最好者即为世界杯得主。此后，每年都举行世界杯赛。1991年举办了首届世界攀岩锦标赛。1992年举行了首届世界青年攀岩锦标赛。

室外人工岩壁攀登是20世纪80年代初兴起的。这种岩壁是用现代科技材料模拟峭壁的形状制成的，它的出现，不但为攀岩爱好者创造了方便的健身和训练条件，也标志着攀岩技术水平进入了一个新的阶段。人工岩壁比自然场地更加惊险和难以攀登，而且它又具有较大的灵活性，攀登的支点（抓手）和路线可根据攀登者的水平任意设定，对初学者和有一定基础的人都很适用。室内岩壁上布满可以随意改变位置的岩点。这些人工岩点形态和大小不等，初练者可以选择大一些的岩点，而掌握了一定的技巧后，就可以选择那些小岩点以增加难度，锻炼臂力。不仅有活动的岩点，还可以改变攀登的路线。当然，无论是选择岩壁、岩点还是路线，"循序渐进"都不失为一种聪明的决策。

人工岩壁攀登一出现，就受到人们的喜爱。在国外，一些中、小学甚至将攀岩运动列入体育训练的课程之中。据有关专家介绍，开始学习攀岩的适宜年龄在12～13岁，这时儿童的身心发育均已达到攀岩的基本要求。攀岩既可以使他们的身体变得强壮，更可以增长他们独自战胜困难的勇气。

作为攀岩爱好者，无论任何年龄，只要你具有面对困难的勇气，都可以尝试不同难度的人工室壁攀岩运动。男士可以在这里一展阳刚之气，女士则可以通过攀岩锻炼肌肉，完善身体协调能力，以达到减肥瘦身的目的。

二、攀岩运动在中国

1987年，攀岩运动成为一项全国的比赛，目前已经正式列入全国比赛计划，而各地自发的俱乐部更是风起云涌，发展前景喜人。真正的体育发展一向必须植根于一国的经济发展状况和国民的生活水平。因此当国内改革开放的成就开始明显表现出它的效果时，人们对生活的关注就不再是衣食住行，而倾向于提高生活质量，丰富生活内涵方式上来。

1987年，在北京怀柔登山基地举办了第一届全国攀岩邀请赛，参加比赛的有国家登山队、新疆、西藏、青海、成都地质学院、地质教育中心、地矿部体协、火车头体协、中软公司、武汉地质学院以及特邀的日本长野山岳协会和香港攀岩队等12个代表队40名男女运动员。此后每年一届。

三、我国攀岩运动历史回顾

起步阶段——官方扶植

在20世纪初，欧美的攀岩运动已渐成雏形，六七十年代更有大批爱好者以巨大的热情推动了攀岩的发展。但攀岩有其特殊的场地和装备要求，是一项需要花费时间和金钱的运动，所以我国在起步上要落后很多，而且依靠政府机构的扶植才得以起步。1987年，中国登山协会派人员到日本学习攀岩运动的相关攀爬技术和运动规则。同年10月，在北京附近的怀柔大水峪水库自然岩壁举办了第一届全国攀岩比赛。1990年，怀柔国家登山队训练基地建立了国内第一座大型人工攀岩场并举办了比赛。人工岩壁使比赛更具精确性和可操作性。1993年，攀岩比赛被国家体委列入正式比赛项目，全国攀岩锦标赛开始每年进行。

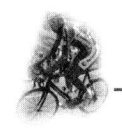

这一阶段，国内的攀岩运动几乎局限于很少的几所与地矿部、登山协会挂钩的大中专院校，主要通过体育教研室选拔具有一定体育特长的学生来充实攀岩群体。攀岩对这些人员而言更大程度上是训练项目而不是爱好。长春地质学院、中国地质大学（武汉）、中国地质大学（北京）等地分别建立了自己的人工岩壁，也有专门的体育教师负责攀岩项目，他们的选手在当时的竞技攀岩排名榜上占据了重要地位。

民间萌芽——前卫青年推动

与此同时，民间攀岩运动悄然兴起。萌芽诞生于思想上较为前卫的北京青年中。北大、清华、北理工等院校组建了户外运动俱乐部，攀岩是他们重要活动之一。这也许有不务正业之嫌，但这种吃饱穿暖之外的追求，这种自我满足、自我实现的渴望却是新潮的，体现并继续带动了年青一代的思维方式。中国登山协会的前辈对这帮年轻人的举动持肯定和扶植的态度。这些青年在北京近郊的百望山、鹫峰等地，清理开发了数条顶绳攀登的路线。路线的选择和保护点的设置方面可能都稍显幼稚，但总算迈动了起始的步伐。

发展——商业化与自我繁衍

1997年，对于中国攀岩运动是一个值得记下一笔的年度。建于北京宣武门的攀岩馆吸引和聚集了相当数量的爱好者。作为第一家成功运营的商业性攀岩场所，宣武门攀岩馆为攀岩者提供了一个基地，正是这批最早的北京攀岩爱好者成为攀岩运动进一步发展的基础和中兴力量。

很多运动的发展原动力来自于官方支持和商业炒作，攀岩也不例外。1997年，颇具规模的"郎酒"杯全国攀岩邀请赛在官方和企业的合作运营下取得了圆满成功。比赛的盛况使得攀岩得到商家和媒体的青睐，也激励了爱好者的斗志与热情。

与没有收入的学生相比，爱好者有资金作为后盾，这就带来了个人攀岩装备的消费潮。他们耗费金钱和精力从香港或者国外带回当时市面上根本没有供应的装备。需求意味着商机，爱好者的规模扩大推动了装备店、俱乐部的诞生和发展。国产人工岩壁及攀登支点也应运而生。中国的攀岩运动走上了自我发展的道路。

兴盛——偶像崇拜

1998年，华山的国际邀请赛上，国际好手的技艺展示让我们叹为观止，也树立了奋斗的目标。国外的教练和高手来中国授艺，官方和民间的国际交流活动开始蓬勃发展。

1999年也是热情高涨的一年。攀岩圈中出现了明星、偶像，实力派选手成为爱好者瞩目和跟随的焦点。号称四大金刚的丁丁（丁祥华）、茂茂（李文茂）、徐洪波、赵雷以高超水平占据了这一期的榜首。1999年，首届湖州极限运动大赛对攀岩从时尚娱乐角度作了都市化、大众化的定位，推动攀岩以越来越迅猛的速度走进城市青年的生活空间。

高潮——大众化和多元化

在偶像垄断期，攀岩也慢慢多元化了。京郊白河峡谷在官方、商家和爱好者的共同集资集力下，开发出一批质量不错，难度适中的先锋攀登路线。广西阳朔以TODD SKINNER1992年开辟的数条路线为基础，发展成为南方的攀登基地，并为攀岩在广州、深圳的发展提供了契机。

竞技方面，更多省市的大学、俱乐部有了自己的人工岩壁和运动员队伍。国内选手开始进军亚洲赛场并取得一席之地。从承接亚洲杯、亚青赛、亚锦赛到世界杯，中国在攀岩界占有越来越重要的地位。

展望——潜力无限

攀岩运动迎合了现阶段人们心理和生理的需求，在中国有巨

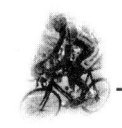

大的市场潜力和发展潜力。我们才经历了短短的十多年，就有如此规模，必将很快缩短差距，成为攀岩的大国和强国。

第三节 攀岩运动特点

将攀岩列为"登山"的一种，似乎有些怪异。的确，攀岩的"山峰"出于人造，多设置在运动俱乐部，甚至就在自家门口。攀岩的正式名称叫"徒手攀登岩壁"，英语写作"Free Climbing"。原本作"自由"解的"Free"，在此自然是"不使用任何道具"的意思。当然，严格地说，"不使用道具"改为"不依赖道具"更为妥帖，因为，攀登时毕竟少不了保险绳等预防不测的安全设施。尽管如此，对攀岩爱好者来说，挑战自我，挑战极限，攀登险象环生的十来米高的峭壁，其刺激和乐趣，或许不亚于翻越8000多米的喜马拉雅山。

虽然攀岩运动已发展成为一项相对独立、成熟的竞技运动，但由于它是在登山运动的基础上发展、派生出来的，并且至今仍与登山运动有着密切的关系。所以，攀岩运动往往被人视为登山运动的一个分支。在国外，攀岩运动既有"岩壁艺术体操"，又有着"登山运动的小弟弟"这样的雅称。只身入云端、举步蹑太虚。在极限运动中，攀岩运动以其独有的凭空凌虚的刺激感，登临高处的征服感，挑战自我与自然的成就感，给予了众多渴望成功、希望证明自己的勇士们以独特的吸引力。于是，作为接近自然，惊险刺激，却又安全可靠的攀岩运动逐渐成为城市众多新人类的首选的休闲娱乐运动。

惊险刺激是攀岩运动最根本的特点，而其能充分满足人们要求回归自然、寻求刺激，并从中挑战自然、挑战自我的欲望，又是她深受人们喜爱的根源。她正以自己特有的魅力、突出的个性感染着人们。参与攀岩，会让您在与悬崖峭壁的抗衡中学会坚强，在与大山的拥抱中感受宽容，在征服攀登路线后享受成功与胜利的喜悦。对于攀岩运动员，不仅需具备良好的身体素质、心理素质、娴熟的技巧，更要有良好的应变能力、坚强的毅力和丰富的参赛经验。由于攀登者在岩壁上稳如壁虎、矫似雄鹰，它又是一项极具美感和观赏性的运动，被许多人誉为"岩壁芭蕾"。尤其在紧张的比赛中，攀登者不但必须发挥出自身的全部力量，还要集耐力、柔韧和平衡能力于一体，利用岩壁上那些难以把握的支点向上攀登，完成腾挪、窜越、引体向上等动作。攀岩运动除能增加体力之外，更重要的是能增强身体柔软度与协调感。国外有些地方已把攀岩用于医疗，通过攀岩来矫治孩童的肌肉发展以及手、眼、身体之间的协调。

第四节 攀岩运动的分类

一、按岩壁形成分类

1. 自然岩壁攀登：

定义：在野外攀爬天然生成的岩壁；一般是开发和清理过的难度或抱石路线。

优点：可以接近自然，充分体会攀岩的乐趣；岩壁角度、石质的多样性带来攀登路线的千变万化；由于岩壁固定，路线公开且可长期保留，所以自然岩壁的定级可经多人检测对比，成为攀岩定级的主要依据。

缺点：野外岩场地处偏僻，交通不便，时间和金钱花费都较多；路线开发也比较费力。

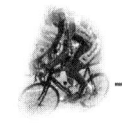

2. 人工岩壁攀登

定义：在人工制造的攀岩墙上攀登，包括室内攀岩馆和室外人工岩壁。

优点：对初学者安全性较高；交通方便，省时省力；不可预见因素少，可以定期训练或进行专项训练；人员密集，便于交流切磋。另外，人工岩壁可以对路线进行保密性设置，从而成为攀岩比赛的主要形式。

缺点：缺少特殊地形，创意性少，自由发挥余地小；支点的可调性使得人工岩壁路线常变，定级主观性更强，准确度偏低。

二、按攀登形式分类

1. 自由攀登（free climbing）

自由攀登是不借助保护器械（主绳、快挂、铁锁等）的力量，只靠自身力量攀爬。

此种攀登形式在我国占主导地位，较符合体育的含义，考验人体潜能。

2. 器械攀登（aid climbing）

器械攀登是借助器械的力量进行攀登。

在大岩壁攀登（big wall）中较为常用，对于难度超过攀登者能力范围的路线有时也借助器械通过。其意义存在于攀登者的项目目标和活动历程中，而不在于攻克难度动作。对器械操作的要求较高。

3. 顶绳攀登（top rope）

顶绳攀登是在岩壁上端预先设置好保护点，主绳通过保护点进行保护，攀登者在攀登过程中不需进行器械操作。

特点是安全，脱落时无冲坠力，适合初学者使用；但对岩壁的要求苛刻，岩壁必须高度合适（8～20米）且路线横向跨度不大，由于需要绕到顶部进行预先操作，架设和回撤保护点的工作都比较繁琐。有时为方便初学者，可在先锋攀登的路线上架设顶绳。

4. 先锋攀登（sport climbing）

先锋攀登的路线上预先打好数个膨胀钉和挂片，攀登过程中将快挂扣进挂片成为保护点并扣入主绳保护自己，攀登者需要边攀登边操作。

这种攀登在欧洲尤其法国最为盛行，它比传统攀登安全性高，可以降低心理恐惧（fear factor）对攀爬的影响，从而全力以赴突破生理极限，挑战最高难度；另外，在角度较大或横向跨度较大的路线中，先锋攀登方式比顶绳保护有更大的便利，可以让攀登者脱落后很容易地重新回到脱落处，对难点进行反复练习。由于这种方式使攀岩由冒险的刺激运动变成安全的体育训练，所以先锋攀登称为 sport climbing。

5. 传统攀登（traditional ortrad）

传统攀登是将不同规格的岩石放置到岩壁上天然生成的裂缝、岩洞、石桥等地形中，形成保护点，再使用快挂和主绳进行保护，攀登者边攀登边操作。传统攀登是最天然的攀登方式，可以最大限度上保持岩壁的完整性。在国外，老一代的攀岩者十分推崇此种形式的攀登，但操作复杂，需要相当丰富的器械操作经验，相对而言难以掌握，并且比较危险，对传统攀登感兴趣的攀岩者一定要稳扎稳打，循序渐进。

6. 抱石（bouldering）

定义是攀登路线短、高度低、难度大的线路，不使用主绳、安全带等保护装备，代之以抱石垫作为坠落时的缓冲。

抱石操作简单便利，费用低，对攀登者的心理调控和耐力要

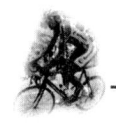

求低，是攀岩运动的新兴分支。

7. 自我攀登（solo）

自我攀登是不依赖第二人，攀登者使用器械自我保护进行攀登。若无保护品攀登达到一定高度（通常为 10 米以上），则称为 free solo。

自我攀登不需要搭档，但操作较为复杂，费时费力，从事这种攀登方式的人员较少。

三、按岩壁的大小分类

1. 单段路线（single pitch）

一般低于 25 米，50 米的主绳可以保证攀登者到顶并返回地面。人工岩壁路线多为此类。

2. 多段路线（multi pitch）

当岩壁高于 25 米时，一般主绳长度就不够了。这时路线会被划分成数小段，每段长度在 50 米以下。攀登者完成一段后，架设保护点，保护第二人到达同样高度，这样主绳也被带到了此处，可以进行下一段的攀登。攀登到顶后，下降过程也需分段进行。

3. 大岩壁（big wall）

也是多段路线，但路线更长或难度更大，需要一天以上才能完成，除了保护装备外，攀登者要携带饮食露宿的物资。

四、难度攀岩

难度攀岩顾名思义是以攀岩路线的难度来区分选手成绩优劣的攀岩比赛。难度攀岩的比赛结果是以在规定时间里选手到达的岩壁高度（如果是横跨，则按沿路线轴上的最长距离）来判定。在比赛中，队员下方系绳保护，带绳向上攀登并按照比赛规定，有

次序的挂上中间保护挂索。比赛岩壁高度一般为15米，线路由定线员根据参赛选手水平设定，通常屋檐类型难度较大。

比赛时采用的岩壁千奇百怪，姿态万千，从地面向上仰视，只见高耸的岩壁在蓝天白云掩映之下，雄伟壮观。而选手们贴附其上，小心翼翼地移动腾挪，其状惊险万分，让人禁不住为他们屏息凝气，为其点滴移动而兴奋，为其不慎失手而歔欷。此时的观者与选手当真是同心相连，呼吸与共。

五、速度攀岩

如同田径比赛里的百米比赛充满韵律感和跃动感一样，以时间区分优劣的速度攀岩具备无与伦比的惊险性与刺激性。运动员经上方系绳保护后，按照指定的路线，进行两人一组或其他方式的速度竞技。

在速度攀岩里，队员们动如脱兔，狡似灵狐，在高耸的岩壁上攀援自如，呼吸之间便登临高壁如夷平地，让人惊叹莫名。在这里，人类的力量和技术结合得天衣无缝，自然的天性被挥洒得淋漓尽致。在现代科技里被机械弱化的人类本能得以回归。

此外还有室内攀岩，如果你只是想偶尔尝试一下攀岩运动，那么你不需要经过任何训练就可以登上岩壁，甚至可以在保护人员的指点下，轻松触响一两条简易岩道顶端清脆的小铃。经常会有一些年轻人按捺不住对攀岩的好奇来此一试身手，而且表现还可以。还有不少中学的老师带着同学们来这里开班会，以激发孩子们向自我挑战的精神，也能在攀岩过程中发现那些容易胆怯的孩子以便及时教育帮助，鼓励他们超越自我。初试攀岩的人往往会对这项运动的安全性产生疑问，其实室内攀岩馆在这方面有绝对可靠的保障。在结实的国际标准的绷带、绳索、锁环的保护下，

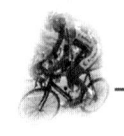

尤其是再加上2名专业保护人员的指导、牵引，失手时任凭你如何紧张、挣扎，也不会撞到岩壁更不可能坠地。

不要以为攀岩只是男子汉的专利，也能见到不少女孩的身影。

第五节 攀岩的技能要求与训练

一、攀岩基本参考要点

攀岩是一种不错的休闲活动。然而，攀岩还是需要一些技巧，并且在你能使用它们之前，仍需要经过学习和练习。我们先介绍一些基本的动作给初学者，其中包括热身和抱石。

热身：在开始攀岩之前，热身这个动作是非常重要的，省略这个步骤的话很容易受伤。例如你在家里的走廊装训练器，每次经过走廊，你都有拉几下单杠的习惯，你可能已经因此而使肌肉或肌腱受伤，因为你没有做热身。想要计算需要多少热身活动才能增进攀岩成绩是不可能的，但是热身的确可以减少拉伤甚至拉断肌肉的危险，所以千万别忽视它，它是攀岩或训练前必做的步骤。目前对于热身到底该怎么做虽然还有争议，但无论如何，找到你觉得最舒服的方法。

最好的热身方法是慢跑10～15分钟。也许岩墙附近没有跑道，但是你可以在原地跑步，膝盖尽量提高，并且加上跳跃和后踢。第一条路线先活泼地动30分钟，尤其当你要携带装备攀爬的时候。

另外一个很大的问题是攀岩时总是爬爬停停。架绳很费时间，容易让身体冷掉；而确保一个先锋攀登者耗费的心理能量比生理能量还多，所以当你攀岩的时候，身体可能更容易冷掉。因此，在你攀登之前，你必须做任何可以保持肌肉温度的动作。

抱石：抱石是一个不用确保、较基层的攀岩活动。找一块大石头或较迷你的岩墙来爬，随时可以回到地面是抱石的好处，不过也要小心避免伤到脚踝，所以如果你有同伴在后面用手为你确保更好。无论如何，只要有一双岩鞋，你就可以试试抱石的乐趣。

试着找一块有大小裂隙、不同种类的手点、岩棚、凹洞的大石头，这些是你在爬一般路线时都会碰到的地形。据说，爬100英尺先锋和一个小时抱石运动所学到的心得是一样的。

那么，什么是我们从抱石中可以学到的呢？首先，平衡感是爬岩技巧中最重要的元素，而抱石能使平衡感增进，最好的训练方法是爬岩时注意你的脚。大胆移动也是要尽量尝试的，成功将建立在你的自信之上。

另外，抱石也可以训练你的基本技巧，教你选择最好的手点和脚点。你会开始注意到手和脚之间力量的不同；使用脚的力量越多，肌肉越不容易累。所以，当你抱石时，练习放置脚的位置，如依脚点的变化而用正踩或侧踩。注意把身体往外倾斜一点，可以增加脚和岩面的摩擦力，一般初学者常犯的错就是身体不能保持垂直，反而太贴近岩面，以致重心位置不对，手浪费很多力量。

最后要提到的一点是，耐力能让你保持体力完成路线，对爬岩者的身体属性来说，它是很重要的。可惜在抱石时，因为高度不高，所以它很容易被遗忘而没有训练到，所以我们在抱石时，可以上攀、下攀或横渡，连续几次不要休息，以达到耐力的训练。

在攀岩过程中应该注意：

1. 尽量节省手的力量。攀岩是用手和脚，通过寻找岩面上一切可利用的支点，克服攀爬者自身的体重及所携带器械的重量向上进行攀登。所有攀爬者应该有一定的手臂、手指、肢尖及腰腹力量。由于手臂力量相对很有限，在攀登过程中，应尽量用腿部力量，而节省手的力量。

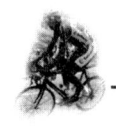

2. 控制好重心。控制重心平衡是攀岩过程中最关键的问题，重心控制的好就省力，反之，就会消耗许多不必要的力量，同时也就影响了整个攀登过程。

3. 有效地休息。在一条攀登路线中肯定是有些地方简单，有些地方难，要想一口气爬完全程比较困难（除非这条线对你来讲很容易），所以想爬得高一些，应该会有效地进行休息；一般是到达一个比较容易的位置，以最省力的姿势，边休息边观察下一段要攀爬的线路。这一点在比赛过程中显得更为重要，因为正式的比赛，攀登路线是完全陌生的，而且只有一次机会。

4. 主动去调节呼吸。初学者往往忽略这一点。攀爬一条路线是一个连续的过程，从一开始就应该主动去调节呼吸，而不应等快坚持不住了再去调整。另外要强调一点，攀岩是一项很具危险性的运动，若装备质量合格，保护技术过硬，保护人员操作规范、认真，就不会有危险；反之，若装备有质量问题，保护人员操作不规范、不认真，就容易出危险。因此，攀岩运动中的保护是每个参与者都应该时刻注意的问题，而不管他是初学者还是有经验的老手。

二、攀岩技术等级

登山难度的等级划分最早是在20世纪30年代，由德国和英国的登山家们为了对阿尔卑斯山脉的各条登山路线进行描述和对比而首先使用的，称维氏等级系统，分为五级。60年代，美国登山界将维氏系统中增加了十进位的小数点，使它表述得更为精确，成为现在使用的YDS系统。这套系统是根据登山者在攀岩时所需的技术高低及岩壁的难易程度来做地形上的分类。目前人类能达到的最高攀登难度为5.15a级。为了方便描述根据攀登路线的难度美国的 Sierra 俱乐部曾制定了以下等级：

一级是行进在石头坡上，一般不用手帮助平衡。

二级是有时用手，但初学者和不灵活的人也不必用绳子保护。

三级是坠落后有相当的危险，经常用到手，最好准备好绳子。

四级是需要一定的攀登技术，大多数人认为，由于如果发生坠落就有生命危险，所以绳子是必要的。一般攀登者需要保护，保护点容易找到。

五级是必须用绳子和保护是防止坠落造成严重后果，在不同程度上要求特别的攀登和保护技术。从这个等级开始叫"技术攀登"。

五级原来按难度分为10级，叫"尤塞米提十进制系统"（Yosemite Decimal System，或 YDS. Yosemite 又译"优胜美地"）形式为"5.0"，"5.1"，"5.2"…"5.10"，按定义超过5.10级就是第六级，也就是必须直接使用人工器械才能攀登。可是随着攀岩技术和装备（攀岩鞋、镁粉）的进步，YDS 成了开放等级，所以有了"5.11"…为了细分等级，5.10后的每个"数字级"中又按难度分了 a，b，c，d 四个次"字母级"。现在世界最难的路线大概是5.14c 或5.14d。新路线难度由攀登者按以前自己已经攀登过的等级经验（很主观）给出个大概，然后爬的人多了，给的主观等级慢慢就固定了。比如当初最难等级还是5.10时，有人爬了一条新路线，感觉和5.10比，其难度提高得比5.10与5.9间的难度距离还高，于是就必须突破5.10这个人为规定的五级上限，叫它5.11。一般说来没有训练的人可以上到5.6，有了基本技术训练的人上5.6~5.9，从5.10开始需要经常的技术和力量训练，但这是个非常笼统的说法。

YDS 是按一条路线中最难的"技术动作"给路线订级的，有十个5.10动作和只在地面附近有一个5.10动作的路线都是

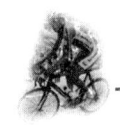

5.10，而且不同性质的路线（平面、裂缝、摩擦……）间的等级实际上有时很难比较。但是爬的人多了，等级就变成客观严格的了。英法德国澳大利亚有自己的等级制。英国等级由技术和风险两部分组成。有了严格等级后路线选择和训练提高就容易做了。但为了追求数字等级而攀岩就没意思了，这是个人口味问题。

我国目前所使用的攀岩难度等级划分方法称为YDS系统。与美国目前使用的攀登难度划分方法相同。等级划分是一种工具，能够帮助攀登者选择既具有挑战性，又不超出自己能力范围的攀登路线。在某些情况下，难度等级不能代表登山者的能力。

一级：徒步行走即可。

二级：只要简单的技巧，偶尔会用到双手。

三级：需要混合技巧，可能需要携带登山绳索。

四级：攀爬很容易，常要用到绳索。

五级：真正开始算攀岩。攀爬时必须使用登山绳索，各种保护装置和攀登保护技术。

五级以上的难度等级无法精确的划分，按一般的准则来划分，可分为：

5.0～5.7级：大部分的攀岩新手属于这一级别，并由此入门。对于有经验的攀登者来说很容易。

5.8～5.9级：需要攀登者掌握一定的攀岩技术和技巧。对有经验的攀岩者来说不是很困难，并能自如地应付。

5.10级：一般业余攀岩爱好者所能达到的最高境界。需要攀登者熟练掌握和运用各种攀登技术和技巧。

5.11～5.15a级：专家领域。要甚高的天赋和大量的艰苦训练才能达到。

除我国现在所使用的YDS系统外，国际上还有许多种攀登难度分类方法。其中比较重要的有国际登山联合会的 UIAA 系统、法国系统、英国系统、澳洲系统和巴西系统等。

三、攀岩的基本方法

攀岩要有良好的身体条件，但更重要的是要有熟练的技术。学习攀登技术实践性很强，必须在不断攀登中练习。如果能有技术熟练者在旁指导，将能收到事半功倍的效果。

三点固定法是攀岩的基本方法，要领是：对身体各部位的姿势和动作有一定的要求。身体姿势攀登岩石峭壁时身体要自然放松，以3个支点稳定身体重心，而重心要随攀登动作的转换移动，这是攀岩能否稳定、平衡、省力的关键。要想身体放松就要根据岩壁陡缓程度，使身体和岩壁保持一定距离，靠得太近，会影响观察攀岩路线和选择支点。但在攀登人工岩壁时要贴得很近。在自然岩壁攀登时，上、下肢要协调舒展，盘眼要有节奏，上拉、下登要同时用力，身体重心一定要落在脚上，保持面向岩壁、三点固定支撑、直立于岩壁、三点固定支撑、直立于岩壁上的攀登姿势。

岩壁安装着众多的支点，选择不同支点可以形成多条攀登线路，各人身体条件不同，都有各自不同的最优路线。练习时可以先看别人的攀登路线，根据自己的身体条件选择一条最优路线，并锻炼自己的眼力发现、规划新的线路，在正式比赛时，是不能观看别人路线的，必须自己规划。这就要对自己的身高臂长、抬腿高度、手指力量等有较详细的了解。

1. 手法

攀登中用手的根本目的是使身体向上运动和贴近岩壁。

手在攀登中是抓住支点、维持身体平衡的关键，手臂力量的

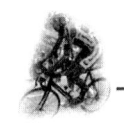

大小直接影响攀登的质量和效果。因此，一个优秀的攀岩运动员必须有足够的指力、腕力和臂力。对初学者来说，在不善于充分利用下肢力量的情况下，手臂的动作就显得更为重要。岩壁上的支点形状很多，常见的也有几十种。攀登者对这些支点的形状要熟悉，知道对不同支点手应抓握何处，如何使力。手臂如何用力，在人工岩壁攀登和自然岩壁攀登时情况不同，前者要求第一指关节用力抠紧支点的同时，手腕要紧张，手掌要贴在岩壁上，小臂也要随手掌紧贴岩壁而下垂，在引体时，手指（握点）有下压抬臂动作，其动作规律是，重心活动轨迹变化不大，节奏更为明显。但攀登自然岩壁时其动作就变化很大，要根据支点不同采用各种用力方法。根据支点上突出（凹陷）的位置和方向，有抠、捏、拉、撑、握、推等方法。但也不要拘泥，同一支点可以有多种抓握方法，像有种支点是一个圆疙瘩上面有个小平台，一般情况是把手指搭在上面垂直下拉，但为了使身体贴近岩壁，完全可以整个捏住，平拉。又如有时要两只手抓同一支点时，前手可先放弃最好抓握处，让给后手，以免换手的麻烦。抓握支点时，尤其是水平用力时，受臂位置要底，靠向下的拉力加大水平摩擦力；要充分使用拇指的力量，尽量把拇指搭在支点上，对于常见的水平浅槽的支点，可把拇指扭过来，把指肚一侧扣进平槽，或横搭在食指和中指指背上，都可增加很大力量。攀登中手指的力量十分重要，平常可用指卧撑、引体向上、指挂引体向上、提捏重物等方法练习。现在国外一些高手已能达到单指引体向上的力量水平。在攀登较长路线时可选择容易地段两只手轮换休息。休息地段要选择没有仰角或仰角较小，且手上有较大支点处，休息时双脚踩稳支点，手臂拉直（弯曲时很难得到休息），上体后仰，但腰部一定要向前顶出，使下身贴近壁，把体重压到脚上，以减小手臂负担，做活动手指、抖手动作放松，并擦些镁粉，以免打滑。

2. 脚法

攀岩要想达到一定水平，必须学会腿脚的运用。一个优秀攀岩运动员的攀登技术发挥得好坏，关键是两腿的力量是否能充分利用。腿的负重能力和爆发力都很大，而且耐力强，攀登中要充分利用腿脚力量，只靠手臂力量攀登不可能持久。攀岩一般都穿特制的攀岩鞋，这种鞋鞋底由硬橡胶制成，前掌稍厚，鞋身由坚韧的皮革制作，鞋头较尖，鞋底摩擦力大。穿上这种鞋，脚踩在窄到不到一厘米宽的支点上都可以稳固地支撑全身重量。在选购这种鞋时，大家一定要注意，千万不能买大了。只要能穿进去就行，大脚趾在里面是抠着的，不能伸直。鞋越紧脚，发力时越稳固。一些选手比赛时甚至要用快挂钩在鞋后帮上硬把脚塞进去的。新手买鞋往往太大，一段时间后就会觉得脚上松松垮垮踩不上劲。一只脚，能接触支点的只有四处：鞋正前尖；鞋尖内侧边（拇趾）；鞋尖外侧边（四趾趾尖）和鞋后跟尖（主要是翻屋檐时用来挂脚），而且只能踩进一指左右的宽度，不能太多，比如把整个脚掌放上去，为的是使脚在承力的情况下能够左右旋转移动，实行换脚、转体等动作。脚的动作要领是，两腿外旋，大脚趾内侧贴近岩面，两腿微屈，以脚踩支点维持身体重心，在自然岩壁支点大小不一和方向不同的情况下，要灵活运用。但要切记，膝部不要接触岩石面，否则会影响到脚的支撑和身体平衡，甚至会造成滑脱而使膝部受伤。另外，在用脚踩支点时，切忌用力过猛，并要掌握用力的方向。换脚是一项基本的技术动作，攀登中经常使用。常见到一些初学的朋友换脚时是前脚使劲一蹬，跃起，后脚准确地落在前脚原在的支点上，看起来十分利落，但实际上是错的，因为这样一方面使手指吃劲较大，另一方面造成身体失衡，更重要的是在脚点较高时无法用这种方法换脚。正确方法要保证平稳，不增加手上的负担，以从右脚换到左脚为例，先把左脚提到右脚上方，

右脚以脚在支点上最右侧为轴逆时针（向下看）转动，把支点左侧空出来，体重还在右脚上，左脚从上方切入，踩点，右脚须势抽出，体重过渡到左脚。动作连贯起来，就像脚底抹了油一样，右脚从支点滑出，左脚同时滑入，体重一直由双脚负担，手只用来调节平衡。双脚在攀登过程中除了支承体重外，还常用来维持身体平衡。脚并不是总要踩在支点上，有时要把一条腿悬空伸出，来调身体重心的位置，使体重稳定地传到另一只脚上。一般由技术熟练者使用。

3. 重心

攀登中，应明确地意识到自己重心的位置，灵活地控制重心的移动。移动重心的主要目的是在动作中减轻双手负荷，保持身体平衡。一开始学时动作大都十分盲目，不知道体会动作，一心只想升高度，其实初学者最好不要急于爬高，先做一段时间的平移练习，即水平地从岩壁一侧移到另一侧，体会重心、平衡、手脚的运用等基本技术。在最基本的三点固定，单手换点时，一般把重心向对侧移动，使手在没离开原支点之前就已经没有负荷，可以轻松地出手。横向移动时，要把重心向下沉，使双手吊在支点上而不是费力地抠拉支点。一般情况下，应把双脚踩实，再伸手够下一支点，而不要脚下虚踩，靠从手上拉使身体上移。一定要注意体会用腿的力量顶起重心上移，手只是在上移时维持平衡。一般常认为身体要尽量贴近岩壁，这是对的，可常见一些高手往往身体离岩壁很远，这是因为他们常用的侧拉、手脚同点、平衡身体等技术动作的准备动作需要与岩壁间有一定空间，只是身体上升的一刻，身体贴向岩面。通常重心调节主要由推拉腰胯和腿平衡来达到。腰是人体中心，它的移动直接移动重心，较大的移动往往形成一些很漂亮的动作，把腿横向伸出，利用腿脚的重量来平衡身体也是常见的做法。

4. 侧拉

侧拉是一项很重要的技术动作，它能极度大地节省上肢力量。使一些原本困难的支点可以轻易达到，在过仰角地段时尤其被大量采用。其基本技术要点是身体侧向岩壁，以身体对侧手脚接触岩壁，另一只腿伸直用来调节身体平衡，靠单腿力量把身体顶起，抓握上方支点。以左手抓握支点不动为例，是身体朝左，右腿弯曲踩在支点上，左腿用来保持平衡，右腿蹬支点发力，右手伸出抓握上方支点。由于人的身体条件，膝盖是向前弯的，若面对岩壁，抬腿踩点必然要把身体顶出来，改为身体侧向岩壁就可以很好地解决这一问题，身体更靠墙，把更多体重传到脚上，而且可利用上全身的高度，达到更高的支点，侧拉动作有以下方面应当注意：身体侧向岩壁，踩点脚应以脚尖外侧踩点，不要踩得过多，以利换脚或转身。若此点较高，可侧身后双手拉牢支点，臀部向后坠，加大腰前空间，抬脚踩点，再双手使劲把重心拉回到这只脚上，另一条腿抬起，不踩点，保持平衡用，固定手只负责把身体拉向岩壁，身体完全由单腿发力顶起，不靠手拉，以节省手臂力量。发力前把腰肋顶向岩壁，体重传到脚上，千万不能松垮垮地坠着，这点在攀仰角时尤应注意。移动手应在发力前就向上举起，把肋部贴向岩面，否则蹬起后再把手从下划到头上，中间必会把身体顶离岩壁，加大固定手的负担。一次侧拉结束后，视支点位置可做第二个连续侧拉，双手抓稳后，以发力脚为轴做转体，脸转向对侧，平衡腿在发力腿前交叉而过，以脚尖外侧踩下一支点，这时平衡腿变成了发力腿，移动手变成了固定手，做下一次侧拉动作。其间脚发力脚踩点一定要少，否则不易做转体动作。侧拉主要在过仰角及支点排列近于直线时使用。

5. 手脚同点

凡是优秀的攀岩运动员，上、下肢力量是协调运用的。手脚

同点是指当一些手点高度在腰部附近时，把同侧脚也踩到此点，身体向上向前压，把重心移到脚上，发力蹬起，手伸出抓握下一支点，这期间另一手用来保持平衡，这样的一种技术动作。手脚同点需要的岩壁支点较少，且身体上升幅度大，做此动作时有以下几点需要注意：若支点较高，应打身体稍侧转，面向支点，腰胯贴墙向后坠，腾出空间抬腿，不要面向岩壁直接抬腿。脚踩实后，另一脚和双手发力，把重心前送，压到前脚上，单腿发力顶起身体，同点手放开原支点，从侧面滑上，抓所握下一支点，另一手固定不动调整身体平衡。手脚同点技术主要用在支点比较稀少的线路上。对初学者或技术还不熟练的运动员来说，上肢力量显得更为重要，攀登时往往是上肢引体，下肢蹬压抬腿而移动身体。如果上肢力量差，攀登时就容易疲劳，表现为手臂无力，酸疼麻木，逐渐失去抓握能力。失去抓握能力后，即使有好的下肢力量，也难以继续维持身体平衡。所以学习攀岩，首先要练好上肢力量，上肢又要以手指和手腕、手臂力量为主，再配合以脚腕、脚趾以及腿部的力量，使身体重心随着用力方向的不同而协调地移动，手脚动作的配合也就自如了。

6．节奏

攀岩讲究节奏，讲究动作的快慢和衔接。每个动作做完，身体都有一定的惯性，而且如果上一动作正确到位身体平衡也不成问题，这时可以利用这一惯性直接冲击下一支点，两个动作间不做停顿，这样你经常可以发现原来很困难的一些点，不知不觉间就通过了，否则过分求稳，一动一停，每个动作前都要先移动重心、调节平衡，然后从零开始发力，必然导致体力消耗过大。动作要连贯但不能毛草，各个细节要到位，上升时一定要由脚发力，不能为快手拉脚蹬。手主要用作保持平衡和把身体拉向岩壁。动作不要求太快，要连贯。每个动作做实，一般做一两个连贯动作稍稍停顿一下，调整重心，观察选择路线，困难地段快速通过，容易地段稳定、调整。连贯——停顿——连贯——停顿，间歇进行，连贯动作时手脚、重心调整一定要到位，冲击到支点后要尽快恢复身体平衡。必要时，可选好地段稍事休息，放松双手。进行练习时可以干脆把各个动作分解成几个步骤，细细体味各处细节，分析如何才能节省体力。这样做熟了，实际攀登时根本不用考虑，条件反射似的就能作出正确动作。

7. 技术要求——灵敏度

灵敏度是指运动员迅速改变体位、转换动作和随机应变的能力，是运动技能和各种素质的综合表现。灵敏素质是在极其扎实的运动技能基础上才能实现的。其实攀岩在相当程度上考验对线路随机应变的程度，所以接触越多不同风格的线路、地形种类、岩质和攀爬方法，技术的提高就越快。要充分表现灵敏素质还需要相当的力量和柔韧性作保证。

柔韧不仅决定于结构的改变，也决定于神经对骨骼肌的调节，特别是对抗肌放松、紧张的协调。协调性改善可以保证动作幅度加大。提高柔韧性可采用拉长肌肉、肌腱及韧带等组织的方法，有爆发式（急剧的拉长）和渐进式两种。其中，渐进式可以放松肌肉，使筋腱缓慢地拉长，不易引起损伤。影响柔韧性即关节活动范围的因素有：关节骨结构，关节周围组织的体积，韧带、肌腱、肌肉和皮肤的伸展性，其中，最后一项对提高柔韧性关系最大。值得一提的是，柔韧性可以分为主动柔韧性和被动柔韧性。主动柔韧性是指利用肌肉可以使关节活动的范围，被动则单纯是关节活动的最大范围。一般来说，女性和幼童的被动柔韧比较强，但是因为相应的肌肉发展不足。所以通常在主动柔韧方面不及成年男性。但是无论如何，主动柔韧不可能超出被动柔韧的活动范围。

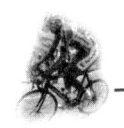

四、体能训练知识

体能训练在其他的运动中已有长足的发展与广泛的应用，只是被多数的户外运动者忽略了。随着运动攀登的竞赛化与商业化，体能训练才逐渐唤起攀岩者的重视。正确的重量训练能够让你专注于特定肌肉群的强化，而隔离身体其他的部位；既由负荷重量的调配，你能够严密的控制训练进度；由于主要承受压力的部位是肌肉而非关节，也可避免运动伤害；随着体能持续地进步，你的自信心也逐渐增强。本文限于篇幅，仅就重要的训练原则加以解说，而无法针对各别部位的训练运动一一介绍。

读者最好在专家的指导下，建立一套适合自己重量的训练课程，并学习正确的操做姿势。

1. 训练要有一定的规律性

有效增进体能的一个重要原则就是周期性的训练，也就是针对非攀登期、调适期以及攀登期设定不同的目标与进度。非攀登期（绵绵冬雨季节）的重点在于对大肌肉群做高负荷的训练以强化整体肌肉与关节；适量的有氧运动以维持或改善心肺功能；柔软度的增加也正是最佳时机。在调适期你由前一期的基本体能训练调整为攀登运动相关部位的训练，并将重点放在肌肉的耐力；主意柔软度维持以及有氧运动的增加；每周两次的攀岩当然少不了。在攀登期绝对是以经常性的攀岩为主，配合适当的训练以维持你的肌力、柔软度以及心肺功能。最后，常被忽略的是再回到非攀登期之前的活中跃休息期。如果你想要有长期性的进步，千万不要跳过这个阶段。这时候你应该从事些能辅助攀岩能力的休闲运动，并让你的心理上与生理上得到放松。在训练过程中一定要避免过度训练。当你密集地训练却得不到进步，这时候你该检

讨训练课程是否过于频繁，未能给予身体足够的时间恢复，即开始下一次的训练。如此攀登者的体能反而随着次次的训练而逐渐衰退。事实上，所有的训练都应该包括两个阶段：刺激期与恢复期。前一阶段在给予肌肉、骨骼等组织刺激并耗尽储存的能量，在训练刚结束时，运动能力反而会低于正常水准。在后一阶段，身体不仅是恢复而已，体能更会提升到较训练前更高的水准以适应训练期间的刺激，此即所谓的超补偿效果。所以，力量真正的增加是来自于休息！

正确的训练方法应该是在身体自前次训练恢复并达到超补偿后（约 24～36 小时）再开始下一次的训练，才能使体能持续稳定的进步。此外，训练的分量必须配合体能的进步而逐渐增强才能给予身体足够的刺激，使体能有长期的进展，不致停滞在高原期。具体的训练进度可参考以下的例子：

第一天：训练胸部、背部

第二天：训练肩部、臂部

第三天：柔软度及有氧训练

第四天：开始重复前三天的周期。

如此各部位在训练后均有两天的休息，可避免过度训练及运动伤害的发生。

2. 重量的训练

肌肉就像回力球一样，你必须给予足够的刺激才会得到反应。值得提醒的是，不要羡慕过度发达的肌肉。增加肌肉带来的重量可能会超过它带来的力量。攀岩者追求的是肌肉与体重的最佳比列。在训练的初期，任何人都可得到明显地进步，但是数周后就停滞不前，此时你需要更专业的训练技巧。重量训练的一个重要原则就是迅增的超负荷，也就是每次训练的分量（在重量上、速度上或恢复时间上）一定要比前次增加。训练的方法如下：假设

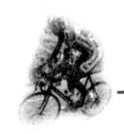

你使用 60 磅的杠铃，第一组做了 12 次后达到暂时性肌肉疲乏，也就是无法以正确的姿势再多举一下了。休息不超过 45 秒钟，马上开始第二组。或许这组你只做了 11 次就达到了暂时性肌肉疲乏。再休息一下，开始第三组。这组你可能只完成 9 次。没关系，过两天再做同样的努力。当某天你光荣的完成第三组 12 次时，你就该增加训练的分量，向新的目标挑战了！

不同组数与次数的搭配对你的力量有不同的效果：4 舱×6～8 次：适于增大肌肉，达到高度的爆发力；3～4 舱×10～12 次：有效的增加肌力，而肌肉增大效果较不显着；3～4 舱×20 次：增加耐力，且能强化心脏血管。其他进阶的方法尚有：

超级组：每组连续做两种以上的动作。

迅减组：当肌肉接近疲乏时，减轻负重并继续做下去，以给予肌肉较暂时性疲乏更进一步地刺激。在训练带给你力量的同时，你通常会感觉到肌肉的逐渐紧绷。基于攀岩运动中柔软的躯体及其灵敏度的特别重要性，僵硬的躯体会限制你的运动能力，抵消肌力增进的效果。因此在体能训练过程中，千万别忽略了柔软度训练的重要性。所谓柔软度，是指肢体在关节附近能够活动的范围。就攀岩者而言，良好的柔软度不仅对高抬脚或双臂交叉等动作有帮助，也可使你的重心贴近岩壁以节省体力或是降低重心以改变手点的施力方向，并能避免运动伤害的发生。增进柔软度的方法就是以拉筋来增加肌肉的长度。在拉筋之前一定要做完整的热身运动，才容易达到效果并避免拉伤。而拉筋的最佳时机则是在攀登或运动之后。虽然攀登前轻度的拉筋有助于热身，担是过度剧烈的拉筋反而会伤害肌肉的运动反应，影响攀岩的表现。著名的攀岩家约翰·朗恩披露了他的重量训练密方。事实上这套训练方法并非他本人发明的，而是来自他的教练。训练课程是一连串艰苦的重量训练，以同时提升攀登者的肌力与耐力且不至增加体重（只要饮食控制得宜）。这套训练非常适合攀登选手作为非竞赛期的课程。

整个训练分为四个阶段：第一阶段属于调适期，强化你的心脏血管、耐力以及生理步调，并给你痛苦的折磨；第二阶段维持你的耐力，并开始建立肌力；第三阶段追求纯粹的肌力，经过前两阶段的大幅调适，你可以轻易地唤出这股力量；最后一阶段将所有的肌力、耐力加以整合起来。除了重量训练以外，最好在休息日辅以激烈的有氧运动如自行车或跳绳。朗恩在整个训练课程结束后，肌力增强15％，耐力增加30％，身体脂肪减少5％，休息心跳降到每分钟50下，而且维持体重不变。

第一阶段

两天训练，一天休息，再两天训练，两天休息。也就是每周四天泡在健身房。第一天训练背部和胸部，第二天训练肩部和臂部。休养一天后再重复两天的训练周期，然后你就能享受两天的假期了！第一天：（背部和胸部）4种最能有效使用整个肌肉群的背部动作，每种各做3舱×30次。没错，30次！20次与30次的差别就如同5.8与5.12。你需要一位训练同伴或教练的打气，不然很可能撑不过20下。由于乳酸的堆积，在做了20下左右肌肉会有燃烧般的感觉，此时你要不断地深呼吸以避免这种状况。当然适当磅数的选择是个关键，让你至多也只能做30次。更重要的是正确的姿势，让你的同伴注意并纠正你的姿势。开始的时候你很可能无法一口气做完，必须喘喘气再继续。但是几周后你应该能勉强完成，这也正是你该增加磅数的时候了。同样，选择4种胸部动作做3舱×30次。记得在各组间做此伸展动作。

第二天：（肩部和臂部）4种肩部动作各做3组；二头肌与三角肌各选3种动作做3组。

在训练期间你必须要有充分的休息，补充大量的碳水化合物，

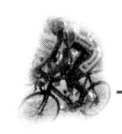

足够的蛋白质。某些人的经验是有轻微的运动型贫血，但在每天吃罐鲔鱼或些鸡肉后就没事了。当你能完成这套训练不用在一组中间休息时，再持续做上一个月。

第二阶段

这阶段同样地两天训练，一天休息，再两天训练，两天休息。但是每组的次数减少到14次。调整磅数到15次恰好能耗尽你全部的力气。一般而言，磅数可较前一阶段增加30%，当你能持续增加磅数并减少各组间的休息时，代表你已相当进入状况。然后继续以15下的分量做3周。

第三阶段

同样的进度，但次数减少到5～6下，并使用你在最后一组仍能举走起的最大磅数。不用担心各组之间得休息多久，朝铁人迈进吧！照此做3周，每次增加些磅数，并注意完美的姿势。这是最不痛苦的一个阶段，但是你必须非常用心努力。

第四阶段

每种动作仍做3组，但次数分别为30次、15次、5次。现在你已到了巅峰阶段。持续两周后改成隔天训练，最后再改为两天训练，三天休息。在结束之际，你的肌力与耐力将有惊人的增长，足以向梦幻的目标挑战了！

攀岩要有良好的身体条件，但更重要的要有熟练的技术。学习攀登技术实践性很强，必须在不断攀登中练习，如果能有技术熟练者在旁指导，将能收到事半功倍的效果。

3. 有氧运动与攀岩

许多人都有在岩壁上心跳加速、呼吸急促的经历，但这并不表示你的心肺功能达到极限，而是因为当你做困难动作时，腹部肌肉紧绷加上心情紧张使得呼吸暂时停止，之后才加速呼吸补充不足的氧气；当你腹肌紧绷时，也会升高血压加快你的心跳。由

于攀岩不像一些耐力型运动需要大肌肉群做持续性的动作,因此不至于对心肺造成过度的负荷,有氧训练也无法改善攀岩的能力。适度的慢跑、游泳、单车等有氧运动,特别是在剧烈的攀登或是重量训练之后,能够促进血液循环,加速肌肉中乳酸的移除,缩短训练后的恢复期。有氧运动也能够有效的燃烧体内多余的脂肪,提高肌肉与体重的比例,但通常要持续运动25分钟后才开始产生效果。此外,有氧运动也可以减轻精神上与生理上带来的压力。

4. 健康的饮食

每天都要注意饮食方式与习惯,适当合理的饮食有助于训练期间体力或身体热能存量的恢复。体力恢复后才能适应持续激烈之训练,不断的训练才会导致身体对高负荷的适应,身体适应后体能即会突破惰性,因此平时即要注意正确之饮食方式。攀岩的人大多都晓得要节制饮食。但若矫枉过正,不足的营养反而会影响细胞组织的修补与增长,降低你的活力、反应力以及耐力。训练时饮食摄取量要考虑身体的需求,特别要考虑补充足够的碳水化合物以维持肌肉内肝糖之储存。在激烈训练时,如摄取较少之碳水化合物,则会导致低肌肉肝糖含量,肌肉肝糖含量少时,接受规律的训练就显得很困难。每日训练后,要尽快补充能源,因此在训练期间内要补充能量之时间很有限,且肌肉恢复肝糖能力最强之时间是运动训练后第一个小时。安排妥善之进食时间。在训练期间要尽量设法补充食物,不要因不方便而放弃饮食机会。如没吃早餐即去训练,在训练后上午九十点左右要吃含有高碳水化合物之食物(如水果、全麦面包)。如在傍晚训练时,在下午三四点左右要吃一点东西,然后于训练后再吃正餐。一星期至少要有一天休息。留一些时间恢复体力或肌肉能源是必要的。休息方式亦可采用训练三天后休息一天,而后再训练六天后休息一天的方式循环。我们必须注意以下各类营养素的摄取:

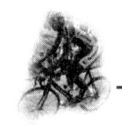

脂肪：它是你最大的敌人。脂肪复杂的分子结构能使你身体很厌恶利用它，只是将它储存起来。只有长时间的有氧运动才会强迫身体利用脂肪的能量，堆放在动脉与静脉壁上的脂肪会妨碍体内氧分的输送；脂肪的重量，更是你对地心引力的作战的敌人。所以千万谢绝油脂食品。

碳水化合物：对运动员而言，它代表能量。碳水化合物能够分解转换成肝糖为身体利用。而依其分子结构又可分为两类：单糖类如糖果等是快速的能量来源，但其营养价值较低；多糖类如米、面等消化吸收较慢，但能带来长时间的能量。以碳水化合物为主的饮食正是你所需要的。

强调淀粉性食物（复合性碳水化合物）的摄取，而不是糖类食物（单一性碳水化合物），不要依赖太多糕饼或甜食来补充碳水化合物。不要吃过多的肉类，肉类最好选择较瘦的肉或鸡鸭肉，要减少肉类的摄取而增加复合性碳水化合物的补充。

蛋白质：蛋白质食品含有运动员不可或缺的成分。氨基酸对人体的帮助至少有：促进细胞组织增长、提升氧利用率、改善免疫力、促进荷尔蒙与酵素的制造、降低体脂水准，并使你在训练后迅速的恢复。氨基酸的摄取不足很可能使你有倦怠感，关节疼痛，缺乏耐力等过度训练的症状。

维生素与矿物质：维生素与矿物质是细胞生长以及其他生化作用所必需的。天然与多样化的饮食是最佳的摄取来源，如果担心不足，每日一粒复合维生素也是很好的。尝试每日吃一餐不含肉的食物。平时餐饮要确定选手已补充足够水分和新鲜的果汁（含有高量的维生素和矿物质）。多吃一些新鲜蔬菜（特别是根茎与绿叶蔬菜）、水果（特别是酸性水果）与谷类食物（如全套面包、豆类、糙米等）。

水分：这是最常被大家忽略的营养素。水是体内新陈代谢的

重要功臣。多喝水，或许你的伤病、训练的停滞期就会神奇地消失了。在训练前或进程中决不能有脱水现象。平时要养成规律饮水习惯。减少摄取炸或碱的食物。尝试用蒸或炒的方式准备食物。不要加过多盐，以免造成脱水现象。可考虑使用微波炉准备食物，用微波炉并不会导致营养素大量流失，且可节省时间，这对于忙碌的运动员在准备理想食物时相当有帮助。

五、心理训练

心理训练就是有意识的对运动员的心理过程（包括认识过程、情感过程和意志过程）和个性心理特征加以培养和训练，发展各种必须的积极的心理品质，并使运动员学会对心理状态的自我调节，从而为更好地参加运动训练和完成复杂的比赛任务作好各种心理上的准备。心理现象其本质实质就是条件反射。

随着训练科学和训练实践的不断发展，人们对攀岩运动的心理训练的意义有了进一步的认识的重视。过去人们习惯地认为训练、比赛主要是身体能量的消耗，只要有良好的运动素质和熟练的技术就可以在比赛中取得理想的成绩；而现代的科学研究证明，在训练和比赛中不仅要消耗身体能量。而且比赛也是心理上的耐力与承受力的一种较量，平时没有良好的心理训练，即使得到良好的身体训练和技术训练，在比赛中也很难取得优异的运动成绩。正如美国学者格鲁波指出的："对初、中级运动员来说，80%是生物力学因素，20%是心理因素；高级运动员则相反，80%是心理因素，20%是生物力学因素。"目前，心理训练已经成为攀岩运动员训练过程中的一个重要组成部分。

攀岩比赛是处于无人指导、独立作战的情况下，在不同的场地而且不一定能够完全依据赛前制定的计划，而是要依据支点、

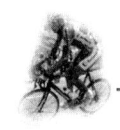

线路、角度难易程度和个人体力情况等因素，进行攀岩过程中的自我调整。此时良好的稳定情绪是进入最佳心理状态的关键因素；它能使运动员进入沉着、冷静、勇于拼搏的状态。良好的心理状态使运动员对胜利充满信心，精力充沛，斗志旺盛，肌肉力量增大，应变能力强，从而达到所期望的技术水平，甚至是超水平地发挥；相反，如果运动员的情绪不够稳定就会产生烦躁、紧张、犹豫不决等不良的心理状态，从而降低了运动能力和比赛成绩。

情绪是心理表现，稳定情绪必须具备一种适宜的心理准备，它包括比赛的动机是否明确，训练、参赛意识是否强烈，及运动员所需的知觉、注意力、记忆、想像、思维等。在训练过程中必须借助第二信号系统，包括运用正确的表象和默念，自我暗示等方法及教练员准确的提示和对动作的正确分析等，使第二信号系统（语言、意识）与第一信号系统（肌肉、感觉）的刺激之间建立条件反射的联系，经过反复强化，运动员的整个技术动作由"自觉的"阶段进入到"自动的"阶段，也就是说：运动员在运动过程中意识盲目的程度减少了，动作的知觉水平相应提高了，从而减少了情绪对运动过程的动作影响。

在比赛中，诸如环境、观念、气氛及对手的表现等因素往往会直接影响着运动员的情绪。为克服不良影响，除采用把注意力集中在自己的动作上这一措施之外，还可采用信息回避的措施，如在比赛中，嘴里念念有词"上、上、上"或"一、二、三、四……"等方法，把思想引到自身内部感觉，思想专一，心跳畅通有力等，使心情趋于平静；当攀登到一定高度时，运动员的体力消耗很大，思想情绪波动激烈，是努力向上，还是放弃？这种来自大脑的各种中枢信息，如是对过去成功经验的反射，则会增强其信心和斗志，继续努力；如是对过去失败的重现，使这种错误表象活跃起来，情绪马上就会焦虑、急躁，这种情况下运动员必须建立正确的思维定式和程度，要以积极的内心想象占据自己的头脑，从而防止认知因素的不良影响。除此之外，还可以通过积极的自我暗示语"镇静、放松""现在情况很正常""我感觉很好""我一定会成功"进行自我鼓励和自我安慰的方法进行调控。当然，积极的情绪波动，如适宜的紧张可起到产生应激活动的积极作用，这正是我们所努力的，也是心理训练的最终目标。

总之，心理训练是攀岩训练中一个重要的训练过程，是提高运动成绩中势在必行的任务之一，其作用首先不是对身体，而是对神经系统的训练，所以它需要经常有计划地进行，并长期坚持下去，才能收到较大的效果。

对于具有征服欲的人来说，徒手攀岩无疑是一项最好的运动了，从平地开始直至云端，任惊险的山峰在脚下变为坦途。一个人在绳索帮助下，凭靠着信心、体力和技巧攀上悬崖绝壁可称为登山者的冒险了。而这种冒险因集中了健身、娱乐、竞技于一体，要求参与者要具有勇敢顽强、坚韧不拔的拼搏精神，又要具有良好的柔韧性、节奏性和攀登技巧，在不同的岩石上完成身体的腾挪、跳跃、转体、引体等惊险动作，给人以优美、流畅、刺激、力量的享受。在练习当中，在已经能够登顶后的同一面岩壁，往往还有不尽的利用价值。你可以通过规划不同的线路来增加难度，一般是自觉地限制自己，放弃一些支点，如放弃某几个大点，或故意绕开原线路上的某个关键点，或只使用岩壁一侧或中间的支点，或从一条线路过渡到另一条线路。有些攀岩者就好像是橡胶做的一样，能毫不费力地弹跳，完成那些看起来几乎不可能的动态攀登。但这里有太多项事需要注意——迅速、准确、拿捏接触的瞬间。这些足以使你在最需要自信心的时候变得胆怯、畏缩。看上去很漂亮的弹跳动作，不只是不得已的手段，它常常是一种更

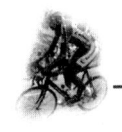

有效的攀登技巧。

下面会告诉你他们是如何做到的：

1. 双脚驱动，双手驾驶：不要只是靠手臂拉动。真正驱动力其实是来自于强而有力的腿部肌肉。放低身体以产生最大的冲力，再用你的双手加强动力并引导方向。试着让双腿的推力和双手的拉力相结合成一个具爆发力的动作。

2. 在跳跃之前多看两次：大脑需要两个不同的参考点以整合动态的移动。注视着目标点，然后放低身体——再快速地看一次目标点——而后瞬间起跳。

3. 通过完整的训练，他们对于自己的身体便有了一定的直觉。想要完成一个困难的动作，他们必须信赖身体里天赋的动觉，而非自己的意识觉。不能过分分析动作，也不会呆呆地注视目标点，必须消除疑虑且避免犹豫不决。

4. 空间是呈曲线状的：弹跳动作最常见的错误是过分强调向上，使你从岩石上跳得太高。这是由于你将动向想成直线所造成的。相反的，你应该在自己和目标点之间假想一条弧线，并试着让自己的重心循此轨迹移动。

5. 不装模作样：一个快速的假动作也许能帮助人为大动作做准备，但必须避免重复太多次。过量的预备动作会使人肌肉疲劳，同时会增加太多的时间去思考动作以外的琐事。

6. 掌握动向：想要全心投入，得知道自己在做什么。在训练时，要多看、多摸摸自己的目标点。多去亲近那些可爱的岩点，能让自己知道，当跳向它们时，它们确实的位置及抓起来的触感。而后安心地放低身体，飞向岩点。

7. 迅速是必要的：一个成功的弹跳动作需要速度。然而有很多人并没真正快速地移动，或者是因为还没有发展正确的力量协调，也或许是因为瞬间收缩的肌纤维较少。他们要改善肌肉的效率，多作一些动态的动作，着重于重复动作的速度而非重量极限的重量训练。

8. 试着攀爬得更动态：试着跳向那些大把手点，即使能以静态的动作抓到它们。这不只是体能训练。大部分的人爬得太静态了，当他们可以轻易地飞到把手点时，却浪费精力在寻求平衡、着力于那些耗力的小点。

第六节　安全保护及伤害处理

攀岩是带有危险性的运动。有时候灾难发生在最干净的路线上、最简单的操作过程中。难以相信有些极富经验的老手也会犯下悲剧性的错误。当我们恐惧、仓促或者过于激动时，都容易出错。

去野外攀登以前，一定要得到正确的指导，不可盲目行动。不要以为你在攀岩馆里学到的那些技术能直接转化到实地操作上。不要假设你的"富有经验"的搭档了解你需要了解的一切。在你离开地面以前，与搭档议定攀登计划。如果你将要传统攀登，明了的计划尤为重要。很多事故之所以发生就是因为忽略了相关细节的交流。为你的保护系统加上副保护，决不能将性命交付给单独的保护点。

宁多勿少，在你的保护系统里多加几重。万一某个部件出了问题，总还有其他的能救你。举例而言，顶绳保护系统决不能只使用一个保护点，即使是一个膨胀钉也不行，你得将两个保护点连接起来共同受力，不要吝惜装备。如果是 SPORT 路线，终点处要扣两个快挂而不是一个。另外，这种理念还体现在攀登之前搭档之间互相检查安全带、绳结和保护器。

使用自己的装备而不是固有的保护点架设顶绳。绳子的反复

抽动会磨损保护点。如果你使用自己的快挂或者扁带和主锁来架设顶绳保护点,你就延长了固有保护点的寿命,为后来人做了一点贡献。同样,自我下降比起让搭档放你下来,更有利于你的绳子和保护点。

降下去之前,检查保护系统。如果是同伴放你下去,先让他收紧绳子,让你的重量落在绳子上而不是直接加在保护点上,然后你再把自己从保护点里解开;如果是自己下降,那么就自己收紧绳子。这一程序是为了确定绳子是正确地穿过了保护系统而且是正确地连接在你身上的。同时,检查一下保护点和保护系统,如果它们看上去不是坚不可摧的,加些副保护。

多与搭档交流。攀岩是一个需要队友协作的项目。如果说话或者喊叫听不见,那么创造其他的交流方式,比如拉动绳子,来给搭档传递明确的信息。同样,攀登之前对交流方式要达成一致。

如果你没有把握,不要做。如果你不能百分之百确定你可以安全地解开绳结再重新系上,不要试图完成将主绳穿过保护点然后下降的操作。如果不确定你可以安全下降,不要降。不妨表现得谦虚一点,承认你需要帮助,这比拿性命冒险要强多了。

攀岩者是在保护人通过登山绳给予的保护下进行攀登的。登山绳的一端通过铁锁或直接与攀登者腰间的安全带连接,另一端通过保护者身上与其腰间安全带相连的铁锁和下降器,中间则穿过一个或多个固定的安全支点上的铁锁。

和诸多野外的活动一样,攀岩运动具有一定危险性,所以需要一套齐全的装备以保证攀岩者人身安全。保护形式一般按保护支点的相对位置分为以下两种:

上方保护:保护支点在攀登者上方的保护形式。在攀登者上升过程中,保护人不断收绳,使攀登人胸前不留有余绳,但也不要拉得过紧,以免影响攀登者行动,这一点在登大仰角时尤应注意。上方保护对攀登者没有特殊要求，发生坠落时冲击力较小，较为安全。进行下放保护时，使用的器材一般有安全带、铁锁下降器。保护人收绳时，应注意随时要有一只手握住下降器后面的绳索（或把下降器两头的绳索抓在一起），只抓住下降器前面的绳子是难于制止坠落的。

下方保护：保护支点位于攀登人的下方的保护方式。没有上方预设的保护点，只是在攀登者上升过程中，不断把保护绳挂入途中安全支点上的铁锁中。这是领先攀登人唯一可用的保护方法，实用性较大，而且是国际比赛中规定的保护方法。但这种保护方法要求攀登者自己挂保护，而且发生坠落时，坠落距离大，冲击力强，因此一般由技术熟练者使用。

一、攀岩运动的装备

攀岩的装备器材是攀岩运动的一部分，是攀岩者的安全保证，尤其在自然岩壁的攀登中。攀岩是一种对抗地心引力的游戏，主要目标就是不坠落，适当的固定支点是安全之关键，它能让地心引力不把你拽下去。只有绳子没有安全吊带一点用也没有。另外你还需要快扣、绳圈、钩环和岩盔。只要你上攀便需要下降；登顶之后，小心登顶的陶醉而忽略了安全的下降。

头盔：一块小小的石块落下来，砸在头上就可能造成极大的生命危险，因此头盔是攀岩的必备装备。头盔可保护头部，防止小落石等东西及坠落时的意外撞击。

攀岩鞋：若想真正玩攀岩，一对好的攀岩鞋是必不可少的。攀岩鞋是一种摩擦力很大的专用鞋，穿起来可以节省很多体力。其最大的特色就是很小，用特殊（高摩擦力）的橡胶制成，且有意识地做小一点，变形变曲一点，用这种鞋子包裹着可能用到的

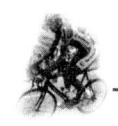

脚部的各个部分（脚尖、脚掌内外侧、脚跟），更加贴脚，增加脚与岩面的触感。能让脚尖在很小的点上施力，刚开始攀岩的人会不太习惯会有点痛。设计良好的岩鞋不但能帮助攀岩，也能保护脚。

粉袋：将镁粉置于粉袋中，而粉袋则扣或绑在腰间，使双手可随时沾取。使用粉袋的好处很多，如岩板上沾粉的动作其实就是一种放松与休息。镁粉（碳酸镁粉）主要作用是吸收手掌上的汗水增加手指的摩擦力，以防止脱落发生意外。

钩环：钩环是攀登主要连接工具，它可以将主绳、小绳圈、吊带，依需要连接在一起。使用钩环时，一定要清楚钩环的最大拉力和受力限度。通常有保险及无保险钩环，视需要而取用。另外还有自动保险挂钩，但其实不太保险。

攀山扣（carabineer）：攀山扣是用来连接绳子与保护点、安全带与确保/下降器、携带器材等。它可以缓和冲力。攀岩是离不开攀山扣的。攀山扣有锁扣和活扣两大类。在确保和下降时，必须保证攀山扣是锁紧的，就一定是要用锁扣内的攀山扣。梨形锁扣是最常用的其中一种。

确保器：所谓确保，原理上只是确保者利用身体或器材与绳索产生摩擦力，绳索因摩擦而减速以致停止活动，坠落者因此不会继续下坠。收绳子时较轻松。但在雪地戴手套时可能不好用。

八字环：用途较广，收绳较花力气，制动摩擦力却较小。八字环下降器是最普遍使用的下降器。

吊带：安全吊带的设计以分散冲击力、人体舒适、安全为要点，可分为攀登用与多功能用两种。攀登用吊带的特色是有确保连接方便，且可将主绳固定于中央，较不易倒栽葱。多功能用的吊带适合雪地溯溪整天穿着，上厕所时不需脱鞋，只将吊带下半部解开。攀岩用安全带与登山安全带有所不同，属于专用，并不

适合登山,但登山用安全带可用作攀岩时使用。我国大部分攀岩者多使用登山安全带,这是因为国内没有安全带生产厂家,而攀岩爱好者又常是登山人,于是两种安全带也就混用了。

主绳:绳索主要作用是当攀登者不管任何因素坠落时,保证攀登者的安全。当攀爬者的体力透支、耐力不足或通过困难路线时而产生的跌落,绳子可以起到确保安全之用。它是由高强度的尼龙按特殊的方法编织而成,结构上由绳心、绳壳两部分组成,具有较大的延展性,可以吸收大部分跌落时所产生的冲击力,从而减低对攀爬者的伤害。在欧洲,为登山者制造的编制绳都需经过 U.I.A.A. 检验合格。攀岩时要尽量避免与锋利的岩石发生摩擦(如不能避免,则应在岩石上加垫布防止磨绳);绝对禁止踩踏绳索,将会使沙石进到绳心破坏绳子结构。

二、攀岩中的常见伤害及处理方法

有些人会把运动伤害看作是一种退步的表现,但事实上,有常见的伤害发生从积极的一面来看也可算作是一种警示,警告你如果再不纠正不当的训练方式或在训练中忽视某些细节,可能会发生更危险的事故。我们需要正视这一问题,在问题刚刚开始的时候就及时采取必要的策略或在训练中进一步加强,才能为以后成为真正成功的运动员打下充分的准备。运动伤害可使选手明了正确与适度训练的重要性,并坦然接受生理状况因人而异的事实。换句话说,顶尖的选手并非是那些不易受伤或较易复原的人,而是那些真正了解自身生理和心理状况的选手。因为唯有找出受伤原因、耐心养病,方能再创体能巅峰。攀岩运动员还要注意的是,虽然超载训练可刺激机体、提高运动效能,但过度的负荷却会产生反面的效果。由于身体承受训练压力的范围有限,一

且超过生理的最大负荷量，不仅无法进步，运动伤害也会随之而生。在进步最为明显的阶段，也就是这种过度训练最容易发生的阶段。所以很多运动员往往铤而走险，游走在生理负荷的极限边缘。不幸经常会在此时降临，攀岩能力的进步过程不是固定的，它的高低因人而异，且随着训练的密集度变动。由于难以掌控，训练过度的情形就屡见不鲜。加上过度训练的伤害是由不同的微创伤累积而成的，所以症状不明显，而且没有即时、显著的疼痛，它的潜伏期往往很长，要在半月之后甚至更长的时间之后才能表现出来。所以，运动员应多注意训练过度的警讯，尽可能做到防微杜渐。

随着攀岩运动的日益风行，运动伤害的案例也大幅增加。由于攀岩是项强调手部力量的运动，因此手指、手腕、手肘及肩部的伤害几乎占了绝大多数。然而，攀岩者对于这些运动伤害的类型及防处往往一知半解，甚而忽略其严重性或延误就诊时机。攀岩最常见的运动伤害有：手指侧副韧带伤害、肩部伤害、第二环状滑车断裂、屈肌肌腱伤害、第二环状滑车裂伤、扳机指、内上髁肌腱炎、外上髁肌腱炎、腕管症候群、肌肉肌腱连接处伤害、手腕倒拉等。

1. 手指侧副韧带伤害：手指侧副韧带的扭伤或断裂是攀岩运动中最常见的运动伤害，且以中指、食指或无名指的"近端指骨间关节"和拇指的"掌骨与指骨间关节"损伤为主。当攀岩者用手指去搬挖岩穴时，中间三指的"近端指骨关节"将在刹那间承受极大的施力并大幅弯曲；而捏点的动作则易使拇指的"掌骨与指骨间关节"扭伤。最常见的症状是关节的肿胀、僵硬、慢性疼痛、及运动受限，如果对患部再次施压时手指出现弯曲而且有不稳定的现象，就说明侧副韧带已完全断裂；如果患者仅感到疼痛，而患部稳定，则可能只是扭伤。至于治疗方法，倘若韧带仅是扭伤，可以用冰敷进行消肿。接着，可以将患指及邻近手指缠绑在一起，并对关节变形部位背侧施予轻压，以引导其整复。两周后，让手指作适度的运动。患部的肿胀及疼痛会持续三个多月。倘若韧带完全断裂，患者必须就诊做进一步诊疗，如果治疗的方式不当，痊愈后手指可能会有难以施力的情形。

2. 肩部运动伤害：一般所谓的肩关节，是介于肱骨与肩胛骨之盂唇所形成的关节，而锁骨则横于其上，与肩峰形成肩锁关节。盂肱关节是一种球窝关节，肱骨像球状被包在浅浅的盂唇窝中，以主动性的盂唇、关节囊韧带及被动性的三角肌、"旋转带"来提供稳定。在这个狭小的空间内，关节、肌腱、韧带与滑囊间的经常性的摩擦与碰撞，将引起诸如：旋转带撕裂、肩峰下滑囊炎、肱二头肌肌腱炎、棘上肌肌腱炎等肩部伤害，我们称之为"夹击症候群"。夹击症候群常见之病况包含以下三种：（1）旋转带腱炎：旋转带是由肩胛下肌、棘上肌、棘下肌、小圆肌所组成，这些肌肉包围覆盖住肱骨，在肩关节稳定与手臂移动中扮演了极重要的角色。但由于旋转带紧邻由肩峰及啄突所构成的弓形突起组织，经常性的摩擦将造成旋转带破裂，其中尤以棘上肌肌腱的伤害最常见。（2）滑囊炎：旋转带与"肩峰－啄突"间尚有另一组织，称为滑囊，其功能在于减少上述两者间的摩擦碰撞。经常性的撞击将使滑囊发炎，其中尤以肩峰下滑囊炎最常见。（3）肱二头肌肌腱炎：旋转带之破裂、肿胀及发炎将造成肌腱供血异常，进而加速肱二头肌长头肌腱之磨损，甚至断裂。夹击症候群的患者一般会有肩部前方和外侧疼痛、肩部运动范围变小（特别是手臂无法高举过头）、手臂肌肉无力等症状。治疗初期的目的为降低疼痛及肿胀，并调整训练方式以使患部休息。接着，可采肌力强化运动

（如：下斜方肌、前锯肌之训练）及肩关节伸展牵张运动等物理治疗，必要时亦可施用短期非类固醇消炎剂或局部注射类固醇。

3. 第二环状滑车伤害：每一根手指内都有5个环状滑车，用以连接、固定骨指与肌腱（拇指除外），而肌腱的经常弯曲便会与滑车发生摩擦，并导致其撕裂。"第二环状滑车"位于"近端指骨"近"掌骨与指骨间关节"处，攀岩者常因闭锁型抓法时过度用力而导致其撕裂，其中以中指及无名指最常见。据统计，约有40％的职业攀岩者患有"第二环状滑车"伤害的病历。严重时，第二环状滑车完全断裂，导致屈肌肌腱无法再贴进指骨，并呈现弓形弯曲，即所谓的"弓弦现象"。第二环状滑车伤害的诊断较为不易，须用具体的医疗仪器才能正确察出病因。至于治疗，倘若仅是滑车裂伤，可将患指以胶布缠裹，并停止攀岩2～3个月；但如果环状滑车已完全断裂，则须以手术来整复。

4. 扳机指：是一种手指屈肌腱鞘发炎的病况，最常发生在中指、无名指或拇指内的"第一节环状滑车"。正常的肌腱会在维持活动空间的滑车内前后滑动，但若肌腱因发炎而产生结节，手指弯曲时结节仍可通过滑车，但在伸展时却会卡在滑车的掌侧。轻微时，须靠外力方能将手指拉开，且在结节挤过滑车时产生如扣扳机的响声。严重发炎及肿胀时，手指甚至会卡在弯曲处动弹不得。至于检查，一般可直接在患部摸到具压痛性的结节，且多位于"掌骨及指骨间关节"。严重的话，"近端指骨关节"亦会发生伸展或弯曲受限的情形。于治疗方法，初期可以夹板固定"掌骨及指骨间关节"使其呈伸展姿势（约两周）、施用短期非类固醇消炎剂或局部注射类固醇。不过，因反复注射类固醇可能导致屈肌肌腱断裂或伤及手指的感觉神经，故病情若在一个月内或注射两次类固醇后仍未好转，则应考虑开刀将粘连的腱鞘剥离或切除。

5. 肘部运动伤害

攀岩者最常见的肘部伤害也就是医学上所谓的"上髁炎"。上髁炎根据病因和受伤部位的不同，可分为"肱骨内上髁炎"（即俗称的高尔夫球肘）及"肱骨外上髁炎"（即俗称的网球肘）。其中，肱骨内侧上髁是屈指浅肌及侧腕屈肌的起端，而肱骨外侧上髁则是伸指肌及侧腕伸肌的起端，以攀岩着重屈肌力量的特性而言，罹患内上髁炎的几率因而较高。上髁炎是指前臂屈（伸）肌的牵拉，而引起附在肱骨内（外）上髁起点处的撕裂、发炎、肿胀等病状，其症状包含：肱骨内（外）上髁中心之压痛、屈（伸）指肌及屈（伸）腕肌之广泛压痛等。至于治疗，患者因让患部肌肉适当休息、施以局部热敷或超音波等物理治疗及进行患部肌肉之拉筋与肌力训练，倘若疼痛复发，则可考虑施行筋膜切开手术。

6. 治疗方式

运动伤害的治疗方法一般可分为：物理治疗、化学治疗及外科手术三大类。不管用哪种治疗方法，患者最好先到医院就诊。这里介绍一下三种疗法的功效：

物理治疗：如果攀岩过程中伤害不是很大，大多数人都采用物理疗法。可以用护具支持带或保护带缠裹患部，防止重复受伤及避免肌腱、韧带的松弛。可以采取按摩的方式促进血液循环及消肿，其原理与热敷相似。也可以用冰敷：运动后，使用冰块可以消肿、止痛。但这种方法不适合心脏病、糖尿病患者，因低温会使血管收缩，可能造成更严重的问题。热敷旨在促进血液循环、降低肌肉紧绷度、防止关节粘连、减轻疼痛、加速组织愈合。肌腱炎患者可辅以弹性绷带将患部固定，热敷2～6小时，倘若使患部高过心脏效果更佳。还有蜡疗，蜡疗适于手腕部的伤害，对于肌腱炎、血液循环不良等都有帮助。另外红外线超音波也属于物理疗

法，红外线是通过热效应促进血液循环、减轻疼痛、加速组织愈合。超音波则可以减少关节挛缩、降低疼痛、消炎、加速伤口愈合，适于肌腱炎的治疗。

化学治疗：由于攀岩运动一般只是产生外伤，所以化学治疗基本上也只是通过药物对患处进行消炎止痛。例如：类固醇消炎剂具有消炎、止痛效果，但有可能会引起胃、肾或肝的并发症。而注射类固醇同样具有消炎、止痛效果，但反复注射类固醇可能导致肌腱断裂，注射本身也可能会伤及手指的感觉神经或引起细菌感染，所以注射次数最好保持在最低点。

手术：手术治疗是在物理及化学治疗都有不能达到愈合和康复的效果时不得不采取的办法。

第四章　羽毛球运动

第一节　羽毛球的起源

14～15世纪时的日本，当时的球拍为木质，球是樱桃核插上羽毛做成。据传，在14世纪末，日本出现了把樱桃插上美丽的羽毛当球，两人用木板来回对打的运动。这便是羽毛球运动的雏形。

1870年，英国一位公爵在他的领地开游园会，天公不作美，下起雨来，他为使客人们不扫兴，就改在室内进行羽毛球游戏。结果与会者情趣横生。此后，这项运动便风靡英国。1893年，英国14个羽毛球俱乐部组成羽毛球协会。

18世纪时，在印度的蒲那城出现类似今日羽毛球活动的游戏。人们以绒线编织成球形，上插羽毛；人手持木拍，隔网将球在空中来回对击。

现代羽毛球运动诞生在英国。1873年，在英国格拉斯哥郡的伯明顿镇有一位叫鲍弗特的公爵，在庄园里进行了一次"蒲那游戏"的表演。因这项活动极富趣味性，很快就风行开来。此后，这种室内游戏迅速传遍英国，"伯明顿"（Badminton）即成为英文羽毛球的名字。

羽毛球运动约在1920年传入我国，新中国成立后，得到迅速发展。20世纪70年代我国羽毛球队已跻身于世界强队之列。

70年代，国际羽毛球坛是印尼与我国平分秋色。

80年代，优势已转向我国，我国羽毛球运动已达到世界先进

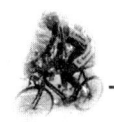

水平。羽毛球在1992年巴塞罗那奥运会上被列为正式比赛项目，共设男、女单打和男女双打4项比赛。

一、羽毛球的发展

1877年，第一本羽毛球比赛规则在英国出版。

1893年，在英国成立了世界上第一个羽毛球协会。1899年，该协会举办了第一届"全英羽毛球锦标赛"，每年举办一次，沿袭至今。

羽毛球运动从斯堪的纳维亚到英联邦各国，20世纪初流传到亚洲、美洲、大洋洲，最后传到非洲。

1934年，成立了国际羽毛球联合会，总部设在伦敦。

1939年国际羽毛球联合会通过了各会员国共同遵守的《羽毛球竞赛规则》。

20世纪20~40年代欧美国家的羽毛球运动发展很快，其中英国、丹麦、美国、加拿大的水平相当高。50年代亚洲羽毛球运动发展很快，马来西亚取得两届汤姆斯杯赛冠军。同时印度尼西亚队在技术和打法上有所创新，很快取得了霸主地位。60年代以后羽毛球运动的发展逐渐移向亚洲。

1981年5月国际羽毛球联合会重新恢复了中国在国际羽联的合法席位，从此揭开了国际羽坛历史上新的一页，进入了中国羽毛球选手称雄世界的辉煌时代。

在1988年汉城奥运会上，羽毛球被列为表演项目，1992年巴塞罗那奥运会列为正式比赛项目，1996年亚特兰大奥运会混双列为比赛项目。从此羽毛球运动进入新的发展时期。

2006年，试行了3个月的羽毛球新规则正式实施。在该年汤、尤杯赛中首先采用。

二、羽毛球的赛事

目前，由国际羽联主办的世界重大羽毛球赛有：

1. 汤姆斯杯赛

即世界男子团体羽毛球锦标赛。1948年举行第一届比赛，现为两年一届，在偶数年举行。比赛由三场单打和两场双打组成。历史上夺得汤姆斯杯冠军最多的国家是印度尼西亚队，共11次。

2. 尤伯杯赛

即世界女子团体羽毛球锦标赛。1956年开始举行第一届比赛，两年一届，在偶数年举行。比赛由三场单打和两场双打组成。历史上夺得尤伯杯冠军最多的国家是中国队，共11次。

3. 世界羽毛球锦标赛

即世界羽毛球单项锦标赛。设有男、女单打、双打和混合双打五个比赛项目。1977年起开始为三年一届，1983年改为两年一届，在奇数年进行。

4. 苏迪曼杯

即世界羽毛球混合团体比赛。1989年开始举办，两年一届，在奇数年举行，比赛由男女单打、男女双打组成。

5. 世界杯羽毛球赛

属于邀请性比赛，由国际羽联邀请当年成绩优异的选手参加。创办于1981年，1997年国际羽联决定从1998年起改为主办有世界顶尖级选手参加的明星赛，并准备尝试奖金丰厚的羽毛球大满贯赛事。

6. 全英羽毛球锦标赛

由英格兰羽毛球协会于1899年创办的。它是世界历史上最悠久的羽毛球赛事。最初由英国和英联邦国家选手参加，现在已成

为全球性的羽坛大会战。

7. 国际系列大奖赛

国际羽联参照世界网球大奖赛办法组织的。始于1983年。比赛分成若干区，由许多比赛组织成系列。根据运动员在各次比赛中的成绩积分，进行排名，前16名进行总决赛。

三、国际羽联对羽毛球的定义

1. 球可以有天然材料、人造材料或混合制成。只要球的飞行性能与用天然羽毛和包裹羊皮的软木球托制成的球性能相似即可。

2. 球应有16根羽毛固定在球托部。

3. 羽毛长62～70毫米，每一个球的羽毛从球托面到羽毛尖的长度应该一致。

4. 羽毛顶端围成圆形，直径58～68毫米。

5. 羽毛应用线或其他适宜材料扎牢。

6. 球托底部为圆球形，直径为25～28毫米。

7. 球重4.74～5.50克。

8. 非羽毛制成的球：

（1）用合成材料制成裙状或如天然羽毛制成的球状。

（2）球托如定义6所述。

（3）球的尺寸和重量应如定义3、4和7所述；但由于合成材料与天然羽毛在比重、性能上的差异，可允许不超过10%的误差。

9. 只要球的一般式样、速度和飞行性能不变，经有关组织批准，以下特殊情况可以不使用标准球。

（1）由于海拔或气候等条件不宜使用标准球时；

（2）只有更改才有利于开展比赛时。

第二节 羽毛球的比赛规则

一、羽毛球场地、器材

1. 场地：羽毛球场成长方形，各条线宽均为 4 厘米，场地上空 12 米以内和四周 4 米以内不应有障碍物。球场中央网高 1.524 米，双打边线处网高 1.55 米。

2. 器材：球重 4.74 克～5.5 克，由 16 根羽毛插在半球形软木托上，球高 68～78 毫米，直径 58～68 毫米，分为 1～10 号。球拍框总长度不超过 68 厘米，宽不超过 23 厘米，拍弦面长不超过 28 厘米，宽不超过 22 厘米。

二、羽毛球比赛方法及主要规则简介

1. 比赛的项目

男子单打、女子单打、男子双打、女子双打、混合双打、男子团体、女子团体。

2.【新制】比赛的计分方法及规则

（1）类似曾经的乒乓球记分方法，采用 21 分制，即双方分数先达 21 分者胜，3 局 2 胜。每局双方打到 20 平后，一方领先 2 分即算该局获胜；若双方打成 29 平后，一方领先 1 分，即算该局取胜。

（2）新制度中每球得分，并且除特殊情况（比如地板湿了，球打坏了），球员不可再提出中断比赛的要求。但是，每局一方以 11 分领先时，比赛进行 1 分钟的技术暂停，让比赛双方进行擦汗、喝水等。

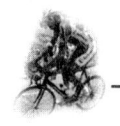

（3）得分者方有发球权，如果本方得单数分，从左边发球；得双数分，从右边发球。在第三局或只进行一局的比赛中，当一方分数首先到达 11 分时，双方交换场区。

（4）双打规则修改较多，文字不容易表述，而暂时不能贴图，所以在此省略。

3.【旧制】比赛的计分方法

（1）除非另有商定，比赛应以三局两胜定胜负，团体赛多采用 5 盘 3 胜制。

（2）只有发球方才能得分。

（3）双打和男子单打先得 15 分的一方为胜一局。

（4）女子单打先得 11 分的一方胜一局。

①双打和男子单打，13 平或 14 平（女子单打 9 平或 10 平）时，先获 13 分或 14 分（女子单打先获 9 分或 10 分）的一方，可以选择"再赛"或"不再赛"。②这一选择只能在规定分数第一次出现，下一次发球发出之前做出。③13 平（女子单打 9 平）时不选择"再赛"，在 14 平（女子单打 10 平）时先获 14 分（女子单打 10 分）者仍可选择"再赛"。

（5）选择"再赛"后从"0 比 0"开始报分，先获"再赛"分数的一方胜该局。

①13 平再赛到一方先到 5 分。②14 平再赛到一方先到 3 分。③9 平再赛到一方先到 3 分。④10 平再赛到一方先到 2 分。

（6）在下一局开始由上一局的胜方先发球。

4. 比赛中的站位

单打：

（1）发球员的分数为 0 或双数时，双方运动员均应再各自的右发球区发球或接发球。

（2）发球员的分数为单数时，双方运动员均应再各自的左发球区发球或接发球。

（3）如"再赛"，发球员应以该局的总的分数来确定站位。若总分为15分（单数），双方运动员均应再各自的左发球区发球或接发球；若总分为16分（双数），双方运动员均应再各自的右发球区发球或接发球。

（4）球发出后，双方运动员就不再受发球区的限制而自由击到对方场区的任何位置，运动员的站位也可以在自己这方场区的界内或界外。

双打：

（1）一局比赛开始和获得发球局的一方，都应从右发球区开始发球。

（2）只有接发球员才能接发球；如果它的同伴去接球或被球触及，发球方得一分。

①每局开始首先发球的运动员，在该局本方得分为0或双数时，都必须在右发球区发球或接发球；得分为单数时，则应在左发球区发球或接发球。

②每局开始首先接发球的运动员，在该局本方得分为0或双数时，都必须在右发球区接发球或发球；得分为单数时，则应在左发球区接发球或发球。

③上述两条相反形式的站位适用于他们的同伴。

（3）任何一局的本方发球员失去发球权后，由该局首先发球员发球，然后首先发球员的同伴发球，接着由他们的对手之一发球，然后再有另一对手发球，如此传递发球权。

（4）运动员不得有发球错误和接发球的错误，或在同一局比赛中有两次发球。

（5）一局胜方的任一运动员可在下一局先发球，负方中任一运动员可先接发球。

（6）球发出后就不再受发球区的限制了。运动员可在本方场区自由站位和将球击倒对法场区的任何位置。

5．比赛规则

（1）交换场区：

① 以下情况运动员应交换场区：

Ⅰ．第一局结束。

Ⅱ．第三局开始。

Ⅲ．第三局中或只进行一局的比赛进行至一方达到11分时。

② 运动员未按以上规则交换场区，已经发现立即交换，以得分数有效。

（2）合法发球：

① 发球的任何一方都不允许延误发球。

② 发球员和接发球员都必须站在斜对角线发球区内发球和接发球，脚不能触及发球区的界限；两脚必须都有一部分与地面接触，不得移动，直至将球发出。

③ 发球员的球拍必须先击中球托，与此同时整个球必须低于发球员的腰部。

④ 击球瞬间球杆应指向下放，从而使整个球框明显低于发球员的整个握拍手部。

⑤ 发球开始后，发球员的球拍必须连续向前挥动，直至将球发出。

⑥ 发出的球必须向上飞行过网，如果不受拦截，应落入接发球员的发球区。

（3）羽毛球的违例：

① 发球不合法。

② 发球员发球时未击中球。

③ 发球时，球过网后挂在网上或停在网顶。

④ 比赛时：

Ⅰ. 球落在球场边线外。

Ⅱ. 球从网孔或从网下穿过。

Ⅲ. 球不过网。

Ⅳ. 球碰屋顶、天花板或四周墙壁。

Ⅴ. 球碰到运动员的身体或衣服。

Ⅵ. 球碰到场地外其他人或物体（由于建筑物的结构问题，必要时地方羽毛球组织可以制定羽毛球触及建筑物的临时规定，但其国组织有否决权）。

⑤ 比赛时，球拍或球的最初接触点不在击球者网的这一方（击球者击球后，球拍可以随球过网）。

⑥ 比赛进行中：

Ⅰ. 运动员球拍、身体或衣服触及网或网的支持物。

Ⅱ. 运动员的球拍或身体，以任何程度侵入对方场区。

Ⅲ. 妨碍对手，如阻挡对方紧靠球网的合法击球。

⑦ 比赛时，运动员故意分散对方注意力的任何举动，如喊叫、故作姿态等。

⑧ 比赛时：

Ⅰ. 击球时，球夹在或停滞在拍上紧接着又被拖带。

Ⅱ. 同一运动员两次挥拍连续击中球两次。

Ⅲ. 同一方两名运动员连续各击中球一次。

Ⅳ. 球碰球拍继续向后场飞行。

⑨ 运动员违反比赛连续性的规定。

⑩ 运动员行为不端。

（4）重发球：

① 与不能预见或意外的情况，应重发球。

② 除发球外，球挂在网上或停在网顶，应重发球。

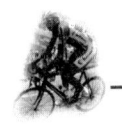

③ 发球时，发球员和接发球员同时违例，应重发球。

④ 发球员在接发球员未做好准备时发球，应重发球。

⑤ 比赛进行中，球托与球的其他部分完全分离，应重发球。

⑥ 司线员未看清球的落点，裁判员也不能做出决定时，应重发球。

⑦ "重发球"时，最后一次发球无效，原发球员重发球。

（5）死球：

① 球撞网并挂在网上，或停在网顶上。

② 球撞网或网柱后开始在击球这一方落向地面。

③ 球触及地面。

④ "违例"或"重发球"。

（6）发球区错误：

① 发球顺序错误。

② 从错误的发球区发球。

③ 在错误的发球区准备接发球，且对方球已发出。

（7）发球区错误的裁判方法：

① 如果错误在下一次发球击出前发现，应重发球；只有一方错误并输了这一回合，则错误不予纠正。

② 如果错误在下一次发球击出前未被发现，则错误不予纠正。

③ 如果因发球区错误而"重发球"，则该回合无效，纠正错误重发球。

④ 如果发球区错误未被纠正，比赛也应继续进行，并且不改变运动员的新发球区和新发球顺序。

第三节 羽毛球的常用术语

一、羽毛球场地

羽毛球场地是一个长 13.40 米，双打宽 6.10 米，单打宽 5.18 米，场地中央被球网（两边柱子高 1.55 米，中间网高 1.524 米）平均分开的长方形场地。

羽毛球场地横向被中线平分为左右两个半区；纵向被分为前场、中场、后场。前场就是从前发球线到球网之间的一片场地；后场是指从端线到双打后发球线之间的一片场地；中场是前发球线与双打后发球线之间的一片场地。

二、站位与击球

运动员站在羽毛球场上的位置称为站位。站位有两种情况：一种是受限制的站位。如：发球、接发球时运动员的站位，就必须按要求站在规定的区域内（左半区或右半区）。另一种是不受限制的站位，可根据自己或同伴（双打）的需要而选择的站位。如：单打的站位一般在离前发球线 1 米左右的中线附近，双打站位可根据双打两个运动员的具体战术需要而选择前后或左右的站位。

根据以上对羽毛球场地的划分，又可把不受限制的站位具体分为：左半区站位、右半区站位、前场站位、中场站位、后场站位。

击球是指运动员挥拍击球时，拍与球接触的一刹那。运动员站在左半区迎击对方来球叫做左半区击球，在右半区的击球叫做右半区击球，站在前场、中场、后场的击球，则分别叫做前场击

球、中场击球、后场击球。除此之外，根据来球高度的不同，我们又可分为上手击球（高于肩的来球，击球点在肩上）和下手击球（击球点低于肩）。

三、持拍手与非持拍手

持拍手是指正握着球拍的手。非持拍手是指没有握拍的手。

在羽毛球运动中，我们经常听说的正手技术、反手技术、正手击球、反手击球等术语。所谓正手技术是指握拍手同侧的技术；反手技术是指握拍手异侧的技术。如：右手握拍的运动员，在击右侧球时所用的技术就称为正手技术，并由此派生出正手发球技术、正手击球技术等技术名称。

在羽毛球运动中，非持拍手的功能主要是在发球时用来持球、抛球；在击球过程中用来平衡身体，以便更有效地击球。

四、击球的基本线路

所谓击球线路是指球被运动员击出后在空中运行的轨迹和场地之间的关系。

羽毛球运动员击球线路之多是无法胜数的，以下只研究决定羽毛球线路规律的几条基本线路。

我们仅以运动员（右手持拍）正手击出三条球路来分析一下球的路线的名称。第一条从自己的右方打到对方的左方（线路与边线平行）可称为直线，第二条打到对方的右方（线路与边线有较大的角度）可称为对角线，第三条打到对方的中线球线路与边线有较小的角度）可称为中路。同理，反手后场（中场、前场）的三条（即基本击球线路，亦可这样称呼。在具体称呼时，可与正手、反手结合在一块。如：正手直线、正手中路、正手对角线、反

手对角线等。若在中线击球时,可这样称呼:打到对方场区的左方为左方斜线,打到对方场区的右方为右方斜线,打到中间为中路球。在对羽毛球线路的称呼上应注意如下问题:首先要看击球点和球的落点靠近哪里,击球点靠近右边线,而落点靠近中线,都成为正手中路球。其次要根据击球时所用技术名称,如反手搓球,可成为反手搓直线、反手搓中路球等。

总之,羽毛球的基本线路可分为五条,即:左方直线、中路直线、右方直线、右方斜线(右方对角线)、左方斜线(左方对角线)。而根据击球运动员站的位置(左、中、右),每个位置又可分别击出直线、中路、斜线,因此又可派生出九条线路来。羽毛球的击球线路之多无法描述,但其基本线路就那么几条,只要我们掌握了其规律,对我们的训练、比赛都是大有益的。

五、拍形角度与拍面方向

拍形角度是指球拍面与地面所成的角度。拍面方向是指球拍的拍面所朝向的位置。

拍形角度可分为七种:拍面向下、拍面稍前倾、拍面前倾、拍面垂直、拍面后仰、拍面稍后仰、拍面向上。

拍面方向可分为三种:拍面朝左、拍面朝右、拍面朝前。

拍形角度和拍面方向控制的好坏对击球质量的影响是非常大的,所以我们必须在每一次击球中认真调整好拍形、拍面,击出合乎质量要求的球来。

六、击球点

所谓击球点是运动员击球时球拍与球相接触那一点的时间、空间位置。

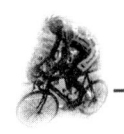

击球点包括三个方面的内容：第一包括拍和球的接触点距地面的高度；第二包括接触点距身体的前后距离；第三包括距身体的左右距离。对击球点选择得是否合适，将决定着击球质量的好坏，它将直接影响着运动员击球的力量、速度、弧线、落点，最终将影响运动员击球的命中率，造成失分，直至失败。因此选择合适的击球点至关重要。选择合适的击球点应做到如下两点：第一，判断要准，第二，步法移动要到位（步法要快）。只要做到了这两点才能保证调整在最合适的位置，击球点才有保障。

第四节 羽毛球知识

原来总是以为，打羽毛球球拍的花费最大，其实真正最花钱的是球。一支 YY 的 Ti-5 球拍大约 500 元，按照一周打 2 次球消耗 3 个羽毛球计算一年需要约 12 打，就算每打 40 元的中档球，一年就是 480 元，差不多一支 Ti-5 了，一支羽拍只要你不是特别倒霉，少说用上 2~3 年，一般 5~6 年没问题。想想看一年打掉一支高级的 YONEX 羽拍够吓人的吧。

1. 国际羽联羽毛球比赛规则关于羽毛球的定义：

参见本章第一节

2. 羽毛球球毛的分类

优质的羽毛球用毛必须采用鹅刀毛，如果采用的是鸭刀毛和其他的毛片，它的品质就很难保证。

球毛的分类非常的复杂，由于目前还没有国家统一制定的分类编号标准，各个生产厂家生产的羽毛球的标号都是自定的，不同厂家如果有同样标号的产品并不能表示它们的品质是一样的。以金河厂为例：凡是中高档羽毛球，即带有"A"字的产品均采用活拔白鹅刀翎毛，首先按照毛型分类为大、中、小毛，再按照

毛的品质分为一、二、三、四级，然后又根据毛的弯翘各分五个标准，再根据毛梗的粗细、毛片的厚薄把相似的毛片归类。在同一只羽毛球上采用的 16 根羽毛必须是同一类而且要尽量相似，越是高档的产品采用的 16 根毛片越要一致才能保证产品的飞行品质。低档的产品，即一般的娱乐性用球也采用白鹅窝毛、驼毛，其加工工艺和高档产品一致，以确保美观耐用。

3. 羽毛球球头的分类

按照所用的材料分常见的有：硬质塑料、泡沫塑料、软木这三种，前两种主要用于低档的娱乐性用羽毛球，成本较低性能较差。中高档的羽毛球都是采用的天然软木质的球头，而软木球头又大致可以分为三类：整体软木球头、复合软木球头、再生软木球头。

最好的球头当然是采用整体天然软木；采用复合方式的球头，成本较低也不太容易断裂，但是如果击球的力量较大，容易将下部的再生软木部分打散从而影响击球的性能。而再生软木球头成本较低，其飞行和击打性能比采用非软木材料的球头要好，虽然它的耐打性较差但却能满足特定用户的需求。例如金河厂生产的 204A 就是提供给初学者用的低成本中性能的场地竞技用羽毛球。考虑到初学者的击球力量一般不会太大，造成羽球的损坏的主要原因是容易击打到球毛，所以采用再生软木球头也不易于被击裂，其飞行的性能完全能够满足练习提高的要求而成本却低得多。当然不同厂家出厂的再生软木球头由于生产的工艺不同，其强度有时也会有较大的区别。近年来，球头生产厂家又开发出仿生塑料与天然软木拼接的球头，价廉物美，效果也较理想。

4. 羽毛球球毛毛质的辨别

高质量羽毛球的羽毛都必须采用优质鹅毛。鹅毛的强度、韧性都特别适合羽毛球的要求，但是它的成本较高，而且原料的供

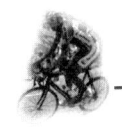

应数量有限，所以在一些要求不高的羽毛球厂家采用了鸭毛。单单是从外观很难区分鸭毛和鹅毛，而且工艺精良的鸭毛羽毛球的飞行性能也非常的好；但由于两种毛片的毛梗结构不一样，其耐打性比鹅毛的羽毛球要差很多，在正常的击球中就很容易折断。由于鸭毛的价格比鹅毛要低得多，采用鸭毛能有效的降低成本。

5. 羽毛球用胶水的区别

胶水的质量直接影响到羽毛球的牢固度、耐用度。生产羽毛球的胶水分为两大类：高级树脂胶水和化学胶水。高级树脂胶水在硬度、牢固度上都要优于化学胶水，但是它的成本比较高，一般用在高档羽毛球的生产上。例如金河厂的200A、201A羽毛球就是采用的高级树脂胶水，其他品种的羽毛球均采用的高强度化学胶水，为了保证质量，各品种羽球的含胶量都要高于国家标准的要求。

6. 成品羽毛球的品质测试项目

测试项目一般有稳定性、耐打性、重量、口径、速度、粘胶牢固度、勾线牢固度等测试，以上的这些项目生产厂家一般不会也没有必要逐只逐项的进行测试，消费者在购买羽毛球的时候可根据上面的项目对自己最关心的品性进行检测比较。

7. 高档产品和低档产品的区别

除外观以外，主要的区别在于球的飞行性能，即羽毛球的稳定性、速度、受击打时的变形度、飞行时的旋转性。高档的羽毛球对毛片的要求很高，一个球上的16根毛片要求外形和品质都几乎一样，才能保证羽球的高标准要求，从而造成它的价格较高。

8. 羽毛球的球速，重量，口径的关系：

羽毛球的飞行速度在同一地区主要决定于它的整体重量、口径、毛型、左右毛之分、球头与球身的重量比。一般而言，同一球厂出厂的羽球的口径是固定的,例如金雕牌的羽球口径标准为:66.5毫米正负0.5毫米,也就是在66～67毫米之间。这时候决定球速的主要因素就在球的整体重量和球头与球身的重量比上了。对于球头与球身的重量比我们有严格的标准加以控制,以保证羽毛球的飞行性能,所以一般根据球的整体重量就能知道它的大致飞行速度,也就能知道它适用于什么地区。

9. 不同海拔气候地区应选择怎样的羽毛球

打羽毛球的最基本要求就是所用球的速度或者说重量一定要合适,不然打起来很多技术就难以发挥了。而同一种重量的羽毛球在不同地区的飞行速度又会有很大的区别,因为用球的重量和海拔高度以及气候有极为密切的关系,海拔高空气密度就小,羽毛球在飞行时受的空气阻力就小,所以高海拔地区用的羽毛球的重量就要减轻一些。海拔低空气密度大,羽毛球飞行时受到的空气阻力就大,所以低海拔地区用的羽毛球重量就要重一点。以金雕牌产品为例:上海:5.2克,广州:5.1克,昆明:4.7克,成都:4.9克。此外,空气的干湿、气温的高低对羽毛球的速度也有一定的影响,但是海拔高度的影响最为明显。

10. 使用过重或过轻的羽毛球对球拍和人体有哪些弊病

羽毛球的整体重量过重或者是球头过重,在击球时引起的震动较大,对于羽拍和羽弦的冲击较大,会降低羽拍和羽弦的使用寿命,最明显的就是羽弦的寿命会大大地缩短;另一方面由于引起的震动会传递到击球员的手臂上,长期下去对于手臂也会有一些不好的影响。而羽毛球的重量要是太轻,由于击球不到位,击球员会发出更大的力量以达到击球到位的目的,这样容易引起手臂的疲劳,对手臂造成伤害。所以选择合适重量的羽毛球不仅能令你更好的享受羽毛球运动的乐趣,还能够降低你受伤的风险。

11. 羽毛球的生产工艺

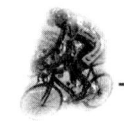

羽毛球的生产工艺分为制毛、制头、组合三大工艺。

制毛工艺：洗毛、烘毛、选大毛、冲毛、分级别、分弯翘、配毛。

制头工艺：砂头、补头、包头、烘烤、切皮、钻孔、分重。

组合工艺：植毛、注胶烘干、勾线、调整、刷胶烘干、擦头、绕边、称重、贴花、整理、测稳试打、称重、包装入库。

第五节　我国羽毛球运动的发展概况

现代羽毛球运动约在1910年传入我国，最早在上海，随后在广州、天津、北京、成都等城市的基督教青年会和学校中有所开展。新中国成立后，党和政府十分关心人民群众的健康，体育运动得到了蓬勃的发展，羽毛球运动也逐渐为群众所喜爱，并作为我国重点开展的项目之一。1953年在天津首次举办了全国比赛，当时只有5个队19名选手参加。

1954年，一批报效祖国的赤子先后回国，并带回了先进的羽毛球技术，同时组建了国家集训队，继而在东南沿海几个主要大城市也成立了以归国华侨青年为骨干的羽毛球队。在"破除迷信，解放思想，走自己的路"的思想的指导下，我国羽毛球运动员总结了国内外羽毛球运动的经验教训和技术资料，结合自己的运动实践进行了探索，不断改进训练方法。其中，福建省运动队主要在技术的手法上，广东队主要在步法上进行了改革和突破。同时借鉴我国乒乓球运动的成功经验，并通过对多年训练和比赛实践经验的总结，提出了"以我为主、以快为主、以攻为主"的积极打法。后来，又经过不断的总结和完善，逐步形成了中国羽毛球运动所持有的"快、狠、准、活"技术风格。我国运动员怀着一颗勇攀世界羽坛技术高峰、为国争光的雄心大志，吸取了国外的一些先进的运动训练方法，勤学苦练，自觉地贯彻了"从难、从严、从实战出发，进行大运动量训练"的"三从一大"训练方针，运动技术水平得到了进一步的提高。

但由于政治上的原因，当时我国未加入国际羽联，故未参加世界性锦标赛。但是在国际相互的交往中，多次与当时的世界强队进行过较量，都取得了优异的成绩。被许多外电报誉为"无冕之王""冠军之冠军"等。

直到1981年5月，国际羽联重新恢复我国在国际羽联的合法席位，实现了我国运动员多年的夙愿——逐鹿世界羽坛，争夺世界桂冠，为国争光。

1981年7月，在第一届世界运动会上（美国洛杉矶），我国运动员陈昌杰、孙志安、姚喜明、刘霞和张爱玲夺取了男女单、双打的四项冠军。1982年，我国第一次参加了全英羽毛球比赛，张爱玲夺得女子单打冠军，徐蓉/吴健秋夺得女子双打冠军，栾劲勇夺男子单打冠军。同年，中国队第一次参加"汤姆斯杯"赛，在第一天1∶3非常不利的情况下，奋力拼搏，最终以5∶4击败羽坛劲旅印尼队，夺得冠军。1984年，在马来西亚的吉隆坡，我国羽毛球女队又夺得了第10届"尤伯杯"。

紧随其后，我国又涌现出了杨阳、赵剑华、熊国宝、李永波、田秉义和林瑛、吴迪茜、李玲蔚、韩爱萍等一批世界羽坛顶尖高手，从而进一步奠定了我国羽毛球技术水平处于世界羽坛领先地位的基础，在一系列世界大赛中为祖国夺得了众多的金牌，创造了中国羽毛球历史上的辉煌时期。进入20世纪90年代，随着杨阳、赵剑华、李玲蔚等一批优秀运动员的相继退役，我国暂时出现了一段青黄不接的时期，而印尼经过了多年的励志图强，涌现了一批以阿迪、王莲香为代表的新秀。欧洲也重新崛起，韩国、马来西亚有时有新人涌现，世界羽坛进入了群雄抗衡的

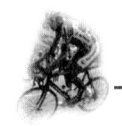

时代。

在巴塞罗那奥运会上,我国羽毛球项目竟与金牌无缘。直到1995年才逐渐步出低谷,首次夺得"苏迪曼杯"。1996年,在亚特兰大奥运会上,葛菲和顾俊勇夺女双冠军,实现了我国羽毛球项目在奥运会上零的突破。1997年,我国运动员再次夺得"苏迪曼杯",同时在世界锦标赛上获得了女单、女双和混双3块金牌,开始步入再铸辉煌的历程。

一、羽毛球初学者的注意事项

1．力争在身体前上方击球,千万不要让球落至颈部以下高度,否则回击的球就没有攻击力。

2．握拍手尽可能保持放松,以便最大限度地发挥手腕的力量。

3．在单打时,每次击球后应立即回到中心位置。在双打防守时则应回到与同伴平行的位置,而在双打进攻时则应与同伴保持前后的位置。在双打发球时,发一短球后应立即向前封网以防对手打短球回击。

4．在单打时,除非扣球,千万不要把球打在对方的中场,尽可能打两角。

5．在进行有力的正手或反手击球时,身体应向击球一侧转动以便站稳双脚。

6．单打发球要尽量高而远,双打发球要短,球的飞行路线要贴近球网的上缘,发球要多变。

7．在规则允许的范围内尽可能多用假动作迷惑对方,但事先不要流露自己的意图。

8．打高远球时,要准确地判断球的飞行方向,球要尽可能打得高而且接近对方底线。

9. 吊网前球时，球的路线要短，并尽可能靠近球网。

10. 扣球的应尽可能远离对手或直接命中对方的握拍手或肩。

11. 当你一时不知所措或需要短暂的喘息机会，可打一高远球，然后回到本场中心位置。

12. 对于初学者来说，反手端线通常是其薄弱区域，应注意打其弱点。

13. 在前场回击高球时，应尽量采用扣球。扣球是重要的得分手段，但不要在底线处击出高而短的球，这通常是给对手杀球机会的。

14. 许多运动员有自己的特有打法，因此要善于判断球的落点，及时进入适宜的位置，但千万不要过早暴露自己的动向。

15. 在双打接发球时，要举起球拍迫使对方发低球，如果对方的发球过高，立即上前扑杀。

16. 如果你正在得分，不要改变打法；如果正在失利，则应立即调整文质彬彬的打法；如果你的连续进攻没有奏效，可打一高远球，然后寻找战机重新发起进攻。

二、羽毛球知识详解

（一）羽毛球羽毛的分类

1. 鹅毛材质：

四川毛：每年4～7月

华东毛：（安徽、江苏、浙江），每年7～10月

东北毛：（东北三省），每年10～12月

制造好打、适重的羽球，以四川毛为主，制造耐用、漂亮羽毛的球，以东北毛为主。

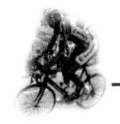

2. 羽毛裁制率：

一只鸭，左右翼，平均约各 16 根羽毛。

一只鹅，左右翼，平均约各 20 根羽毛。

比赛级（A）以上，左、右各翼，鸭毛 3～4 根，鹅毛 5～6 根。

标准级（B），左、右各翼，鸭毛约 4 根，鹅毛约 4 根。

标准级（C），左、右各翼，鸭毛约 4 根，鹅毛约 4 根。

一个羽毛球需 16 根排列同等角度的羽毛才构成飞行优良的好球，外加羽毛外观洁白、滑顺，才能称得上是超级羽毛球。

(二) 羽毛球球头的分类

按照所用的材料分常见的有硬质塑料、泡沫塑料、软木这三种，前两种主要用于低档的娱乐性用羽毛球，成本较低性能较差。中高档的羽毛球都是采用的天然软木质的球头，而软木球头又大致可以分为三类：整体软木球头、复合软木球头、再生软木球头。目前球头有两种：一种是全软木球头，低品质的软木材料比较容易开裂；一种是台纤板球头软木复合（人造材料），这种球头的强度比较好。

台纤板球头的结构：球头上层为化纤材料约 13 毫米，下层为软木。下层的软本有三种：

1. 小颗粒碎软木，硬度在邵氏 60 以下（中国台湾中华软木厂专利）；

2. 大颗粒碎软木，硬度在邵氏 60 以上（上海东立球头厂专利）；

3. 13 毫米整体软木（上海崇明岛软木厂专利）硬度邵氏 60 以上。

从上述这三种球头的使用情况来看，耐打度均远远好于全软

木的，因为最主要的原因之一是软木的球头平面会开裂，台纤板的球头基本没有开裂情况出现。拍感比较好的球头是后两种，打起来声音较清脆，同时不粘拍。一般认为小颗粒碎软木球头一定没有后两种好。

有一种复式软木，就是台纤板（Complexcork）羽毛球，耐劳度（Durability）提升30%以上。

（三）羽毛球的生产周期和耐打性要求

一只鹅从孵出到宰杀，一般来说生长周期是120天，鹅毛梗的胶质层和里面的海绵体均基本生长成熟，因此对羽毛球的耐打度会有一定的好处。而随着科学的不断进步与全球气候的变暖，一只鹅的生长周期目前只有90天左右，因此相对120天的生长周期来说肯定是耐打度要稍差一些，毛梗胶质层和海绵体均不够成熟是主要原因。

怎样让羽毛球更耐打？

准备一碗开水，将羽毛球的球毛部分浸入水中2～3分钟，注意不要让水浸到球头部分，水温不能低了，如水凉了要及时换成开水。

浸泡完毕后将球取出阴干，注意一定要阴干才可以使用。这样处理过的羽毛韧性较好，只要不直接打在球毛上，球的耐打性会提高不少。特别要注意，如果处理后没有在5～6天内使用应该重新处理一次。另外如果买到的是鸭毛球，由于其结构和强度远逊于鹅毛，处理的效果会不好。其原因：1. 鸭毛油脂比鹅毛多；2. 鸭毛海绵体很少，不易吸水蒸气，所以效果不明显。

（四）羽毛球场地标准

羽毛球场为一长方形场地，长度为13.40米，双打场地宽为

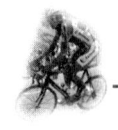

6.10 米，单打场地宽为 5.18 米。球场上各条线宽均为 4 厘米，丈量时要从线的外沿算起。球场界限最好用白色、黄色或其他易于识别的颜色画出。

按国际比赛规定，整个球场上空空间最低为 9 米；在这个高度以内，不得有任何横梁或其他障碍物；球场四周 2 米以内不得有任何障碍物。任何并列的两个球场之间，最少应有 2 米的距离。球场四周的墙壁最好为深色，不能有风。

（五）羽毛球网标准

羽毛球网长 6.10 米、宽 76 厘米，用优质深色的天然或人造纤维制成。网孔大小在 15～20 毫米之间，网的上沿应缝有 75 毫米宽的双层白布（对折而成），并用细钢丝绳或尼龙绳从夹层穿过，牢固地张挂在两网柱之间。标准球网应为黄褐色或草绿色。网柱高 1.55 米，无论是单打或双打，两根网柱都应分别立在双打场地边线的中点上。正式比赛时，球网中部上沿离地面必须为 1.524 米高，球网两端高为 1.55 米。球网的两端必须与网柱系紧，它们之间不应该有缺缝。

三、羽毛球附加技术

（一）跳杀技术学习

以右手握拍为例（如果你是左手那就相反），要领有以下几点：

1. 准备杀球之前先侧身，左脚在前，两脚的脚尖着地，并且用快速的后退步伐后退，使击球点在你的右肩前上方。因为击球点靠后的话就只能打高球了。

2. 杀球前身体后仰，基本成弓形，这样使你用上全身所有的力量。

3. 杀球前握拍一定要放松，手心和拍柄之间要有缝隙，这是最重要的，因为只有先放松才能用得出力量杀球，否则如果握拍一直很紧的话手腕的力量就肯定使不出来了。要在杀球的瞬间握紧拍子使劲杀球。

4. 杀球的瞬间靠的是手腕和手指（手指主要是食指）的爆发力，就像抽鞭子一样，这也是羽毛球所有后场技术都注重的，和网球不一样，绝对不要靠甩大臂来发力，否则球过去后既没有速度又会使你受伤。

5. 起跳的时候大概在球开始下落的时候，并且双腿要先保持微屈的姿势，靠脚尖蹬地的力量起跳杀球，杀球后立即转身，左脚在后且先着地，右脚落地后即回到场地中心位置。

像林丹、陶菲克那样精彩的扣杀球，除了要具备绝对的技术和弹跳以外，还有一些必不可少的前提基础：

1. 出众的胸肌。因为杀球特别是他们那样的跳杀球是要把全身有限的力量全部用在杀球的瞬间，使球的速度达到及至。作为女选手，用跳杀球很少，但是无论什么样的杀球，都要在杀球之前先要将身体后仰成弓形，然后身体的力量由腰到胸再到上肢最后作用到球上。胸作为中转站，胸肌就有着至关重要的作用，所以作为男选手，练好胸肌是最重要的前提。

2. 熟练的杀球能力。从原地到后退的杀球（包括正手和头顶）必须熟之又熟，并且落点要到位。

3. 要保持体能练习。因为跳杀球是先要后退移动再起跳杀球，而后还要迅速上网，这样反复的进攻没有充沛的体能是根本做不到的。即使是原地的跳杀球也是很消耗体力的，所以体能要保持。

4. 弹跳能力也很重要，因为跳的高击球点抢的就高，球就有

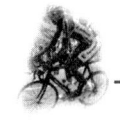

威胁。

鉴于以上几点，平时要做的是要多练练羽毛球的专项素质：蛙跳、高抬腿跑、前后左右跳等等。再有就是练好基本的杀球后再像他们那样发展大规模的起跳杀球。

四、用球拍捡球

羽毛球落在地上时从上往下看是个 V 字形状，你用球拍的一边靠上 V 字的一边，但不可碰到，否则球回滚动，要重新调整位置。（不过等熟练以后就可以碰到球的一侧了，因为这个时候你可以以相当快的速度把球钩起，球还没滚就被你钩起来了。）

刚刚开始尝试的时候球拍的中心轴和地面的角度可以小一点，45 度以下或更低，拍面和地面是 90 度。人一定要弯腰，电视里的运动员也都是弯腰的。

准备动作做好了，下面是更关键的要领。（先讲正确的握拍方法：将手平放在拍弦上，然后下滑到拍柄根部抓握；或者把球拍平放在桌面上，闭上眼，将球拍拿起。）假设你是右手握拍的，这时右手让拍子旋转，就好像要把球抄起来。此时才是真正的关键。右手手腕继续让拍子旋转。因为刚刚的抄球动作让球有一个向左的运动。继续旋转球拍，让贴球着的拍面旋转到一个可以阻止球向左运动的角度。在做旋转球拍的动作的时候，只要球被你抄起来了，就要边旋转拍面阻止球向左运动，边把身体挺直了。

捡球分两种，一种叫侧滑，一种叫下压。

侧滑就是让羽毛球球托对着自己，然后拍子从侧面铲过去，注意，拍子以 80～45 度角竖直，用拍框带起球，然后渐渐放平。铲球的同时技术好的话可以不用碰到地板，室外不要用，太磨损拍子。

下压比较难,用拍头压球毛,尾部尖端的地方,利用球自己的弹性型变跳到球拍上,或者把球压下,一直到球托向上立着,这样直接用拍框触碰球毛的侧面,球倒的时候重心向拍面,稍为控制球拍放平就可以了。

重点就是以侧面切侧面,保持球的侧面与拍子平行,球头对着自己或前面都无所谓。练到一定程度,角度大点,不那么侧面对侧面也可以弄起来。手上发力的重点是不要用手臂,而是用手腕来翻转球拍的力,把球舀上来。

第五章　游泳

第一节　游泳运动起源

　　游泳运动是男女老幼都喜欢的体育项目之一。古代的游泳，根据现有史料的考证，国内外较一致的看法是产生于居住在江、河、湖、海一带的古代人。他们为了生存，必然要在水中捕捉水鸟和鱼类作食物，通过观察和模仿鱼类、青蛙等动物在水中游动的动作，逐渐学会了游泳。

　　我国历史悠久，水域辽阔。据记载，游泳始于5000年前。但游泳作为一个体育项目得以发展还是近几十年的事。

　　现代游泳运动起源于英国。17世纪60年代，英国不少地区的游泳活动就开展得相当活跃。18世纪初传到法国，继而成为风靡欧洲的运动。

　　1828年，英国在利物浦乔治码头修造了第一个室内游泳池，这种泳池到19世纪30年代，在英国各大市城相继出现。

　　1837年，在英国伦敦成立了第一个游泳组织，同时举办了英国最早的游泳比赛。

　　1869年1月，在伦敦成立了大城市游泳俱乐部联合会（现英国业余游泳协会前身），并把游泳作为一个专门的运动项目正式固定下来。并随之传入各英殖民地，继而传遍全世界。随着游泳运动的发展，游泳被分为实用游泳和竞技游泳两大类。实用游泳又分为侧泳、潜泳、反蛙泳、踩水、救护、武装泅渡；竞技游泳分为

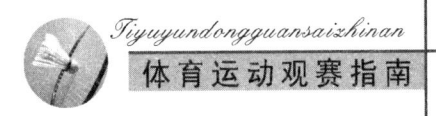

蛙泳、爬泳、仰泳、蝶泳。

竞技游泳，从第一届奥运会（1896年）就列入了奥运会正式项目。发展到现在，各种锦标赛和国际大型比赛不断推动着竞技游泳的发展，使它的技术动作更完善，创造了一个又一个优异的成绩。

从古至今，无论是为了捕猎、逃避猛兽或是遇上海难时得以自救，游泳都是一门重要的求生技能之一。远在公元前2500年，古埃及已有类似捷泳的活动。古罗马人兴建的巨大浴池，更是上流社会人士作为余暇游泳及社交活动之场所。早期的游泳活动，只被视为贵族子女教育及士兵训练的一个重要部分，直至18世纪末期，工人阶级参与游泳的时间及机会增多后，游泳才开始成为一种普及的活动。

竞技游泳源于英国及澳洲，后来传入其他国家，19世纪中期至20世纪初，世界各国的游泳比赛开始普遍起来，游泳总会亦相继成立。英国业余游泳总会（前身为都会游泳总会）于1869年成立，是第一个成立的国家游泳总会。在1850～1860年间，英国与澳洲已有游泳比赛。当国际奥林匹克运动会于1894年6月16日在巴黎成立时，游泳已被列为1894年的奥运项目之一。至于国际业余游泳联会（FINA），则成立于1908年。

蛙泳　蛙泳是第一个作为比赛的泳式，而且自由泳及蝶泳也是从中发展出来。在1940及1950年，由于很多日本泳手利用规则的漏洞在长距离比赛中潜泳，从而获取利益。游泳规则于1956年便有所更改，只容许泳手在起跳后及转池后，在水面下只可作一次划手及蹬腿动作。为了减低水的阻力及加强推进力，胸泳的划手及蹬腿动作曾有过多次的改革。不过，基本泳姿就一直都没有多大的出入。

自由泳　澳洲人韦利士于1850年使用了一种双手在水面前移

的泳姿，这可算是自由泳的雏形。后来英国泳手约翰特拉真于1873年采用了一种用胸泳腿再配合双手交替前爬的泳式。后来澳洲人李察卡尔又根据特拉真及亚历韦咸的泳式，创造了一种"浅打水"的踢腿方法。自此之后，腿的踢法就只有少许的变化。

仰泳　早期的背泳只是仰浮在水面上，然后再用胸泳的踢腿推进。1900年的奥林匹克运动会中，开始有泳员使用手部在水面上过头前移的泳式。踩踏式的踢腿方式，则要到1912年的奥运会才开始出现。

蝶泳　蝶泳的划手方法是由德国泳手 Erich Rademacher 首次在1926年的胸泳比赛中使用。当时，他仍使用胸泳的踢腿方式。1952年的奥林匹克运动会之后，国际业余游泳联会（FINA）决定将此泳式与胸泳分开，因而增加了蝶泳，而且泳员更可以采用海豚式的踢腿方法。

第二节　入水前准备

游泳前要进行温水沐浴后再入水，就不会感觉很冷。因为温水沐浴（在30℃～40℃之间）能够带走身上的部分热量，这样会使你的体温接近水池中的温度——一般为27℃左右。

一、游泳时的穿着

男性通常穿泳裤，女性通常穿泳衣。现在在专业的比赛中，也有穿其他服饰的。

游泳比赛中不能带游泳圈等辅助用品，否则会犯规。只用穿戴泳帽、泳衣、泳镜、泳裤就可以了。

1. 马拉松游泳

公开水域游泳比赛中超过10公里的叫马拉松游泳赛。公开水域游泳比赛是指在江、河、湖、海等自然水域举行的比赛,是国际泳联确立的6个正式项目之一。

2005年10月27日,国际奥委会在瑞士洛桑举行执委会会议,正式决定将男、女10公里公开水域游泳项目增设为北京奥运会的正式比赛项目。

2. 马拉松游泳概述

参加公开水域游泳比赛的运动员年龄不得小于14周岁。公开水域游泳项目在世界上推广得相当广泛,自1975年就开始有成绩记录,目前成绩较好的有意大利、俄罗斯、德国、美国、英国等。在这些国家,群众参与公开水域游泳的积极性非常高。我国也分别于2002年和2004年在海南承办过两次世界杯公开水域游泳赛,是亚洲最先承办国际级公开水域游泳赛事的国家。

3. 马拉松游泳世界杯赛

是由国际泳联主办的一项国际性横渡传统赛事。去年,我市成功举办了2006年国际泳联马拉松游泳世界杯(中国汕头站)的比赛,得到国际泳联官员和各国运动员、教练员的一致好评,大家认为汕头新津河水质清澈、环境优美、赛事组织严密、服务细致热情,对汕头留下深刻美好印象。

二、在游泳时如何保护眼睛

在酷暑的夏日里,游泳是人们向往的运动,它既能增强体质,又能使人享受夏季的乐趣,但在游泳前后也要注意保护自己的眼睛。

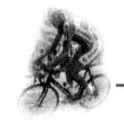

游泳后，常常出现眼睛发红、发涩，有时还会出现较多的分泌物，这是结膜发炎的表现。游泳以后发生的结膜炎，大多数是由细菌、病毒感染引起的。游泳也容易传播沙眼。

游泳池里的水常用漂白粉消毒。漂白粉是一种消毒剂，有轻度刺激性，可以因为这种化学刺激引起非感染性的结膜炎。不过水里的漂白粉浓度比较低，一般对眼睛没有什么损害。相反，因为漂白粉消毒剂抑制了水中的病菌，使水变得清洁了，能减少传染性眼病的发生。但如果消毒不规范或对游泳者游泳前检查不严格，也会造成游泳后结膜炎。如果在江河天然水里游泳，水质不可能进行消毒，特别是城镇附近的小河，居民用水时不注意水的卫生，水被污染的机会多，在这种水里游泳以后，容易引起细菌、病毒性结膜炎。

游泳以后，眼睛发红怎么办呢？

在游泳池里游泳，受到漂白粉消毒剂的轻度刺激引起的结膜炎，常常是在出水以后眼睛有轻微发红，数十分钟至数小时以后，就会自行消失了，一般不必治疗。如果有加重趋势或在未经消毒的水里游泳，容易引起病菌、病毒性结膜炎，常常在刚出水时症状很轻或不明显，过1~2天以后眼睛发红，分泌物逐渐增多，应该及时治疗，点抗菌素或抗病毒的眼药。

怎样在游泳后保护自己的眼睛呢？

（1）应该严格禁止"红眼病"患者或有其他传染病的人到公共游泳场所去游泳。加强游泳前体检。

（2）尽量选择水质好，污染少的游泳场所游泳。

（3）患有高度近视眼者不能头朝下跳水，以免引发视网膜脱离。

（4）游泳池必须按照规定及时换水和进行消毒。

（5）有条件的人，最好在游泳以后及时用干净水洗脸，洗澡。

(6)潜水时，尽量把眼睛闭上，有条件的人，可戴防护眼镜。

对游泳以后经常发生结膜炎的人，在每次游泳以后，及时点抗菌素眼药水数次，有一定预防作用。

三、游泳注意事项

在海边游泳要注意潮水的时间，高潮后就将退潮，请尽量不要在退潮时游泳，以免退潮时往回游时体力消耗过大发生意外。

不要在非游泳区游泳。非游泳区水域中水情复杂，常常有暗礁、水草、淤泥和漩流，稍有大意，就可能发生意外。因此，在下水之前一定要在当地搞好调查研究，做到心中有数，尽可能地远离水草、暗礁、漩流和淤泥。

游泳前勿喝酒，酒后游泳体内储备的葡萄糖大量消耗会出现低血糖。另外，酒精能抑制肝脏正常生理功能，妨碍体内葡萄糖转化及储备，从而发生意外。同时因酒精会影响大脑的判断能力，而增加游泳意外的发生机会。

上岸后要防止暴晒，注意保护皮肤。为了避免猛烈的太阳照射，最好涂上防晒霜。海浴前需在岸上做好准备，然后在浅水中浸润皮肤，使身体适宜水温。海浴时请不要攀登礁石，以免被牡蛎划伤。

饭前饭后别马上游泳，空腹游泳会影响食欲和消化功能，也会在游泳中发生头昏乏力等意外情况；饱腹游泳亦会影响消化功能，还会产生胃痉挛，甚至呕吐、腹痛现象。

剧烈运动后别马上游泳，不然使心脏加重负担；体温的急剧下降，会抵抗力减弱，引起感冒、咽喉炎等。

女人在月经期别游泳。月经期间游泳，病菌易进入子宫、输卵管等处，引起感染，导致月经不调、经量过多、经期延长。

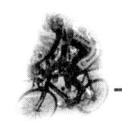

别长时间曝晒游泳。长时间曝晒会产生晒斑，或引起急性皮炎，亦称日光灼伤。为防止晒斑的发生，上岸后最好用伞遮阳，或到有树荫的地方休息，或用浴巾在身上保护皮肤，或在身体裸露处涂防晒霜。

游泳后别马上进食。游泳后宜休息片刻再进食，否则会突然增加胃肠的负担，久之容易引起胃肠道疾病。

游泳时间别过久。皮肤对寒冷刺激一般有三个反应期。第一期：入水后，受冷的刺激，皮肤血管收缩，肤色呈苍白。第二期：在水中停留一定时间后，体表血流扩张，皮肤由苍白转呈浅红色，肤体由冷转暖。第三期：停留过久，体温热散大于热发，皮肤出现鸡皮疙瘩和寒战现象。这是夏游的禁忌期，应及时出水。游泳持续时间一般不应超过1.5～2小时。

高血压患者别游泳，特别是顽固性的高血压，药物难于控制，游泳有诱发中风的潜在危险，应绝对避免。

心脏病者别游泳，如先天性心脏病、严重冠心病、风湿性瓣膜病、较严重心律失常等患者，对游泳应"敬而远之"。

患中耳炎者别游泳，不论是慢性还是急性中耳炎，因水进入发炎的中耳，等于"雪上加霜"，使病情加重，甚至可使颅内感染等。

患急性眼结膜炎者别游泳，该病病毒，特别是在游泳池里传染速度之快、范围之广令人吃惊。在该病流行季节即使是健康人，也应避免到游泳池内游泳。

某些皮肤病患者别游泳，如各个类型的癣，过敏性的皮肤病等，不仅诱发荨麻疹、接触皮炎，而且易加重病情。

泳后卫生要注意。泳后应马上用软质干巾擦去身上水垢，最好用淡水冲洗，滴上氯霉或硼酸眼药水，擤出鼻腔分泌物。如若耳部进水，可采用"同侧跳"将水排出。之后，再做几节放松体

操及肢体按摩或在日光下小憩 15～20 分钟,以避免肌群僵化和疲劳。

四、游泳易引发的疾病

1. 结膜炎:是游泳中常见疾病之一,表现为眼红肿、有异物感、疼痛不适等。其中最常见的是由衣原体引起的游泳池性结膜炎和细菌引起的急性卡他性结膜炎。游泳时最好戴防水眼镜,若游泳后感眼部不适,可点用利福平眼液或 0.25% 氯霉素眼液进行预防,注意勿用手揉眼或用不洁毛巾擦眼。

2. 中耳炎:游泳后,若出现耳朵疼痛,甚至发烧、流脓,那是游泳时带有细菌的水灌入了耳朵。所以,当池水入耳后,可将头向水侧倾斜,或辅以单脚跳动,使其自然流出,切忌用手或他物去抠。为防止池水进耳,最好是戴耳塞。游泳后一旦耳痛,应用复方新霉素或氯霉素甘油滴耳液滴耳。

3. 鼻窦炎:跳水及潜水易引起鼻腔进水,并将水带入与之相通的鼻窦。若水质不洁,就能引起鼻窦炎,可出现鼻塞、鼻痛、流粘涕或头痛等症状。治疗时可用 1% 麻黄素滴鼻液与链霉素滴鼻液交替滴鼻。

4. 咽喉炎:多在呛水或吞水后发生,除可出现咽喉不适或疼痛外,常伴有咳嗽。轻者可用多贝尔液含漱或含化消炎含片,重者应及时去医院检查。

5. 接触性皮炎或过敏性皮炎:在天然水域中,有时会被工业废水、生活污水中所含化学物质侵袭,导致皮炎,体表长出细小的红色丘疹。可用炉甘石洗剂每天外擦数次。

五、游泳的锻炼价值

对心血管的作用：

游泳对心血管系统的改善有相当重要的作用。冷水的刺激通过热量调节作用与新陈代谢能促进血液循环；此外游泳时水的压力和阻力还对心脏和血液的循环起到特殊的作用，在水面游泳时，身体所承受的水压就已达到每平方厘米 0.02～0.05 千克，潜水时随着深度的加大，物理条件的变化，压力还会增大，游泳速度的加快也会加大压力负荷，心房和心室的肌肉组织能得到加强，心腔的容量也能逐渐有所加大，心脏的跳动次数减少，这样心脏的活动就能节省化，整个血液循环系统却能得到改善，静止状态下舒张压有所上升，收缩压有所下降，因此血压值变得更为有利；血管的弹性也有所提高。根据有关专家统计，一般人在安静状态下每分钟心脏跳动 66～72 次，每博输出量为 60～80 毫升，而长期参加游泳锻炼的人，在同样情况下秩序收缩 50 次左右，每博输出量却达到 90～120 毫升。

对呼吸系统的作用：

在游泳练习时，新陈代谢过程和心血管系统工作的节省化，都离不开大量的供氧，然而由于水压迫着胸腔和腹部，给吸气增加了困难。曾有人做过专门的试验，游泳时人的胸廓要受到 12～15 千克水的压力，那么要想使身体获得足够的氧气，呼吸肌就必须不断的克服这种压力；另外游泳时呼气一般都是在水下完成，而水的密度要比空气的密度要大得多，因此要想呼气就必须用力，这样不管是吸气还是呼气都能增加呼吸肌的收缩力，从而能增强呼吸系统的功能，加大肺活量。一般健康男子的肺活量为 3000～4000 毫升，而经常从事游泳者，可以达到 5000～6000

毫升。

对人体皮肤的作用：

在游泳过程中，由于水温的刺激，机体为了保证足够的温度，皮肤血管参与了重要的调节作用。冷水的刺激能使皮肤血管收缩，以防热量扩散到体外；同时身体又加紧产生热量，使皮肤血管扩张，改善对皮肤血管的供血。这样长期的坚持锻炼能使皮肤的血液循环得到加强。

另外，水是十分柔软的液体，而由于水波浪的作用，不断对人体表皮进行摸擦，从而是皮肤得到更好的放松和休息，所以经常参加游泳锻炼的人，都有一身光滑洁白、柔软的皮肤。

其他作用：

众所周知，我们生活在一个3/4充满水域的球体，因此在生活中就难免要和水打交道，这就是游泳不但只是一项体育项目，更重要的它还是生活中不可多得的工具与技能。它渗入我们生活中的很多领域，如水上资源开发、科学考察、防洪抢险、救护打捞等都必须有熟练的游泳技术作为后盾，才能有生命的保障。

第三节　游泳入门小技巧

1. 换气动作越小越好。
2. 游泳动作越协调越好。
3. 游泳速度越均匀越好。
4. 对于前进有效的动作都是加速的。
5. 对于前进无效的动作应放松肌肉。
6. 掌握良好的初速有利泳速增进。
7. 前进阻水横断面积越小越好。
8. 有效动作阻水横断面积越大越好。

刚开始下水当然是要同水进行亲密接触了，尽量同它近距离地亲近，去熟悉它的脾气才好，不然你就会在水里面左右摇摆，重心不稳了，其实只要你像熟悉一个人一样地接触她就可以了。然后就是要学着把头埋进水里，要能保证让自己不呛水，并且习惯在水里面的感觉，之前觉得在水里面应该是漆黑一片，什么都是看不到的，没想到戴上眼镜，从水中看世界，竟然也是同样的透明清亮的。当你能够让头部在水中自如的时候，就可以开始试着让自己的全身在水中漂起来了，这可是最重要的一步，只要学会了，基本上你就会游了。当然，还是会者不难，难者不会，要想办法把身体浮在水中，不下沉，这个还是有技巧的，这就用到了中学时学到的物理知识了。由力的平衡原理可知，人的身体就像一个杠杆一样，中间的肚脐是支点，头部太高，腿部当然就会下沉，身体也自然浮不起来了，当然，头部下沉这种现象毕竟是少数，不信试下就行了。所以，身体自然放松，不要紧张，双臂自然放在水中，不要过于执著，很快你的身体就可以浮在水中了。不要说你从没学过游泳，幼体在母体中时就是像处在水中一样的自然了，只要唤醒那种感觉就可以了。好了，不要着急，很快就可以学会了，当你的身体可以自如地浮在水中时，这时，你可以滑动手臂，利用水的阻力，把你向前推进，OK，你就可以在水中前进了。然后，最后一步，让自己的双腿拍击水面，注意，腿不要打弯，等你的手臂和双腿配合得很默契时，当然，你就学会游泳了，然后，再根据你自己的习惯和特点，去有意识地去练习，你就会成为游泳高手了。